AF481603

# CRESCERE SENZA PUBBLICITÀ

## ACQUISISCI NUOVI CLIENTI NEL B2B GRAZIE ALLA NUOVA SEO STRATEGICA

PIETRO MARILLI

ISBN: 979-12-200-94-95-5

# Indice

# Introduzione

Sono le otto di mattina e Milano è già in piena attività.

Sono appena arrivato in ufficio e regna un silenzio inusuale, a cui non sono per niente abituato.

Qui siamo praticamente dieci persone, di cui sei fisse, che lavorano ogni giorno, tra call con i clienti, riunioni, pianificazioni di strategie e lavoro operativo.

Amo molto questa nuova sede.

E questo orario è il momento perfetto per fermarsi a contemplarla.

Che ci faccio qui a quest'ora?

Ho una video call con un cliente, per presentargli il report periodico sull'avanzamento dei lavori.

Stiamo lavorando al suo posizionamento organico su Google e apportando piccole, ma significative migliorie al suo sito.

Aveva tempo solo la mattina presto e poi queste call sono piuttosto lunghe.

Gli presento tutto il report di ciò che è stato fatto, unito alle proposte per il futuro, per andare ancora a rendere più performante il sito e, in generale, la sua presenza online.

Però sono in anticipo e mi godo un po' questa pace.

Ho già pronte alcune domande per lui: mi deve raccontare alcuni dettagli della sua storia, per presentare la sua azienda ai contatti che atterreranno sul suo sito.

Le persone, se non conoscono ciò che vendi, per prima cosa valutano te, la storia dell'azienda, chi sei e come sei arrivato lì.

Cercano fornitori affidabili, leali, su cui contare a lungo termine.

Ora che ci penso, non ho mai veramente raccontato tutta la mia storia.

Chi sono, come ho costruito la mia attività… non ho mai nemmeno riunito in un solo posto tutto ciò che potrebbe servire alle aziende a cui mi rivolgo, il mondo del b2b, per capire le potenzialità della SEO.

Neppure loro possono valutare al meglio qualcosa che non conoscono.

Il primo passo è la chiarezza e la consapevolezza.

Normalmente ci sono troppi tecnicismi nel linguaggio SEO, che rendono di difficile approccio questo mondo pieno di opportunità.

Pensare che offre l'occasione di crescere senza pubblicità… nessuno ci crederebbe.

Se solo si spiegasse in parole semplici, comprensibili, per far capire ad un'azienda se fa per lei oppure no.

Beh, ho ancora un'ora di attesa… potrei iniziare proprio adesso...

P.s. so perfettamente che la lettura di oltre 200 pagine di libro potrebbe impegnarti. Infatti per farcilitarti il lavoro ed estraporlare i concetti migliori, ho preparato per te un'opportunità a cui potrai accedere in alcuni punti del libro.

(Sei curioso di dare già un'occhiata? La trovi a questo link https://www.cdweb.it/risorse-libro)

# Capitolo 1
# Chi vuoi essere da grande?

*Nessun uomo è un'isola, completo in se stesso;
ogni uomo è un pezzo del continente, una parte del tutto.
(John Donne)*

Non ho mai voluto essere un fuoriclasse solitario.

Sai quelli che non passano mai la palla, che stupiscono tutti con le loro grandi doti e che vanno a vincere in solitudine?

Ecco, io non sono quel tipo di persona.

Ho sempre amato gli sport di squadra, quelli dove si costruisce qualcosa insieme e si vince o si perde tutti.

Così, fin da ragazzino, sognavo di costruire qualcosa di mio.

Ma non solo mio.

Non pensavo di fare il libero professionista, di fare one man show.

Volevo dar vita proprio ad un'azienda, un'attività dove

coinvolgere altre persone, studiare delle strategie e ottenere risultati insieme, grazie alle nostre capacità, all'unione delle nostre menti.

Questo è sempre stato il mio desiderio, senza avere però chiaro in che campo realizzarlo.

## Il valore del lavoro di squadra: il rugby

Quando i desideri iniziano a prendere forma, il modo ideale per farlo, da ragazzi, è attraverso lo sport.

In questo il rugby è stato una palestra unica.

Uno tsunami di valori, etica, responsabilità condivisa e rispetto.

Ma non solo.

Sono valori che valgono per tutti: dirigenti, tifosi, familiari... un mondo che abbraccia e sposa a 360 gradi quello in cui crede.

Tutti hanno il loro ruolo: alti, bassi, robusti, esili. C'è la posizione ideale per chiunque sposi quei valori.

La ciliegina sulla torta è il rispetto per gli avversari.

Questo plasmerà adulti con la testa sulle spalle, pieni di rispetto per i concorrenti, che sapranno apprezzarli, coglierne i lati positivi e crescere, trovando la loro posizione nel mercato.

Se vedi solo il lato negativo dei tuoi competitors tenderai a sottovalutarli.

Invece è importante conoscerli, studiarli, analizzare il loro posizionamento. Capire in cosa si differenziano dagli altri, come lo comunicano ai clienti.

Questo non significa copiarli, ma solo conoscerli, fare un'analisi attenta e obiettiva del loro modo di lavorare.

Poi puoi tranquillamente fare il contrario.

Difficilmente sbaglierai, perché ognuno ha i suoi valori, il suo modo unico di soddisfare i bisogni dei clienti.

Ma questo è un pilastro a cui sono arrivato nel tempo, dopo tanti anni di errori e momenti difficili.

Difficili come quando un adolescente deve scegliere la facoltà universitaria.

## Cosa vuoi fare da grande?

O hai le idee molto chiare, o hai un indirizzamento da parte della famiglia… oppure non saprai mai dove sbattere la testa.

Pieno di incertezze, dopo l'avventura del liceo scientifico, ho scelto la facoltà di Scienze Politiche.

Il motivo della mia scelta è stato molto poco profondo: non

mi piacevano le altre facoltà perché non mi piaceva l'idea di focalizzarmi solo su un singolo argomento, volevo avere una visione d'insieme più ampia, multidisciplinare.

Non ero sicuro di fare una scelta precisa, di intraprendere una strada troppo definitiva.

Per questo mi indirizzai verso questi studi molto generici.

Il vero momento chiave per capire quale fosse la mia strada è stato l'Erasmus.

Andai per 1 anno in Portogallo, a Coimbra e, oltre a vivere una bellissima esperienza in un paese estero, mi resi conto di una cosa che mi avrebbe cambiato la vita.

## Il mondo a portata di click

Mentre ero a quasi 2.000 chilometri da casa, riuscivo a sapere in tempo reale tutte le notizie e a comunicare velocemente via e-mail con amici e parenti, o almeno con quelli più tecnologici.

Stiamo parlando di fine anni novanta.

Il mondo digitale era ancora agli albori, ma ero rimasto affascinato dalla possibilità che tutto il mondo potesse essere così vicino, a portata di click.

Non importa dove ti trovi.

Hai la possibilità di entrare in contatto con chiunque, in tempo reale, e sapere tutto quello che ti interessa.

Ho capito che poteva essere un settore molto interessante e per questo, alla fine degli studi, ho iniziato uno stage presso una software house.

## Il consulente che doveva decifrare un'azienda in pochi minuti

Mi sono ritrovato a fare questa prima esperienza in un ruolo molto particolare.

Un incrocio tra tecnico e commerciale: parlavo con le aziende e studiavo la loro situazione per proporre il servizio più indicato per le loro esigenze.

Ho parlato con tantissime realtà diverse tra loro.

Ognuna con problemi specifici, richieste su misura... in pochi minuti al telefono dovevo decifrare il loro business, capire come potevo essere realmente d'aiuto.

Non è stato affatto semplice, sono sincero.

Arrivavo solo da studi teorici e generici e non ero affatto un tecnico.

Ma neppure un consulente, qualcuno in grado di capire al volo il business e il contesto di ogni singola realtà.

Ogni telefonata era come iniziare da zero: di fronte a me persone con attività ben specifiche, con prodotti particolari, con clienti target ben definiti.

Io non avevo alcuna idea di come aiutarli.

Però sapevo parlare con le persone.

Sapevo ascoltarle davvero e cercare di capire come aiutarli a risolvere un problema o raggiungere un obiettivo.

Con che strano e particolare lavoro ho acquisito queste capacità?

Con il più stretto contatto possibile con tante persone diverse, con tanti piccoli mondi complessi.

Ho sempre lavorato per non pesare sui miei genitori durante gli anni dell'università.

Mi sono ritrovato a fare qualsiasi tipo di lavoro, dall'ortomercato alle ripetizioni… ma quello che più mi ha aiutato è stato fare il cameriere.

La mia è sempre stata una famiglia modesta, normale, e non ho mai voluto far loro pesare i costi della vita studentesca a Milano.

Oggi devo dire di essere molto grato al me stesso di quell'età: mi ha permesso di saper parlare con persone che non conosco, di riuscire ad ascoltare.

**I camerieri fanno quello: ascoltano le persone, le aiutano e cercano di capire i loro desideri.**

Non importa il contesto, ma l'atteggiamento, e la capacità di entrare in sintonia.

Anche perché non è facile entrare in empatia con perfetti sconosciuti in una manciata di minuti.

La mia esperienza come cameriere mi ha aiutato a creare un rapporto in pochi minuti.

Grazie anche a questo, lo stage alla software house si è trasformato in un primo contratto di lavoro.

Purtroppo poi il progetto (uno dei primi software CRM, concetto innovativo adesso figurarsi 20 anni fa…) è stato accantonato e ho trovato lavoro nel settore digitale di una casa editrice che aveva appena aperto un ramo aziendale dedicato allo sviluppo di siti web.

Ero felice e anche la mia famiglia era orgogliosa di questo primo traguardo.

Ma avevo sempre il mio sogno, fermo lì in un angolino della mia testa.

## Il primo mattone della mia attività

Muovendo i primi passi nel mondo digitale, ho capito che era davvero un settore in crescita.

Era l'inizio del 2002.

Internet iniziava ad attirare le persone.

E anche me.

Ma non volevo provare da solo.

La forza di partire è nata grazie ad un mio amico programmatore, che ho convinto a dar vita ad una società insieme a me.

Ero al settimo cielo.

Finalmente stavo per mettere al suolo il primo mattone della mia azienda.

Finché non arriva il pugno nello stomaco, proprio mentre non te lo aspetti.

Il giorno prima di andare dal notaio, il mio amico si tira indietro.

Non so neppure oggi perché lo abbia fatto.

Forse la paura, l'incertezza del mondo digitale… fatto sta che mi abbandona.

Mi trovavo di fronte ad un bivio.

Affrontare tutto da solo oppure abbandonare anche io e trovare un lavoro da dipendente, cosa che comunque sarebbe andata più che bene ai miei genitori.

Li avrebbe sicuramente fatti dormire sonni più tranquilli.

In realtà erano solo spaventati all'idea che mi mettessi in proprio.

Ma li capisco benissimo.

Per loro era un mondo del tutto inesplorato, pieno di paure, dubbi, rischi.

Erano persone che avevano vissuto da dipendenti tutta la vita e vedevano come rischioso già aprire una partita iva… figuriamoci provare a dar vita a un'azienda.

C'era ancora il mito del posto fisso e nessuno vicino ai miei genitori si era mai avventurato oltre quel confine… quindi veniva visto come qualcosa di sconosciuto e pericoloso.

E posso capirlo perfettamente.

Aveva senso volersi avventurare senza la minima certezza?

Ho voluto correre il rischio.

Mi sono buttato.

Con il sostegno di mio fratello Andrea all'inizio.

**Investo tutto quello che ho da parte in un paio di computer e una linea telefonica.**

Solo che non ero un tecnico.

E mi ero avventurato in un mondo che si basava sulla tecnica, su specifiche conoscenze informatiche.

Ma non poteva essere quello a fermarmi.

Decido di studiare Photoshop e Dreamweaver (i due software con cui era possibile costruire un sito web professionale), compro le licenze che servono e mi metto in gioco.

Avendo un telefono e un paio di pc, cosa potevo fare?

Quello in cui avevo già abbastanza esperienza.

Telefonare alle piccole realtà commerciali della zona, come ferramenta, negozi, idraulici.

## Le piccole realtà che puntano dritte al risultato

Si trattava di piccole attività che non avevano nemmeno un sito web, e che si occupavano principalmente di b2c, vendendo all'utente finale.

Erano piccole aziende che cercavano nuovi contatti nel mondo digitale e che puntavano subito al risultato: vendere di più, aumentare i profitti.

**Volevano fare un investimento da cui poter rientrare velocemente.**

Quello che offrivo, con l'aiuto di un programmatore e un grafico freelance, era la possibilità di "andare su internet".

Per queste minuscole realtà era come aprirsi al mondo.

Potevano essere cercati online e contattati dai loro potenziali clienti.

Non gli importava semplicemente farsi conoscere, erano troppo piccoli e geolocalizzati.

<u>A loro interessavano solo i risultati.</u>

Pur non avendo nessuna base informatica, sapevano di fare un investimento, che doveva portare risultati.

Risultati per loro significava clienti.

E la parola clienti si traduceva in vendite.

Oggi posso dire che è stato tutto tranne che semplice.

Mettevamo online siti web dal nulla, con poche basi solide, ma la certezza di dover puntare alla vendita.

Per questo ho subito imparato, parlando con loro, l'importanza di avere un obiettivo chiaro, preciso, e di definire subito le tempistiche per raggiungerlo.

Era difficile perché, soprattutto nei primi anni, mi ritrovavo di fronte attività diversissime tra loro.

Negozi di ogni genere, che vendevano prodotti molto diversi.

I clienti erano contenti, ma faticavamo a erogare tutti i servizi richiesti e non ero bravo nel gestire la contabilità: ero in ritardo nella fatturazione e, non avendo un gestionale, a volte dimenticavo di fatturare tutto, collezionando anche ritardi nei pagamenti.

Ammetto anche di aver sbagliato spesso nel fare i preventivi, rimanendo troppo basso rispetto ai miei competitor.

Insomma, ho davvero vissuto anni difficili dal punto di vista economico, che però ora rappresentano un grande bagaglio di esperienza.

All'epoca mi ha fatto passare dei momenti terribili, con notti insonni e la testa sempre immersa nei conti…

… Ma tutto questo mi ha permesso di capire come gestire un'attività, cosa che nessuna scuola avrebbe potuto insegnarmi.

Come sono riuscito a formarmi per colmare le lacune tecniche…

… Allo stesso modo non è stato possibile per il lato imprenditoriale.

C'era tantissima buona volontà, impegno, ma nessun appoggio o conoscenza imprenditoriale.

Nonostante questo non mi sarei mai arreso.

C'era troppo in gioco per me.

Tra cui il rispetto dei miei genitori.

Non dimenticherò mai la loro espressione quando ho provato a spiegargli cosa avrei fatto.

Già l'idea di lanciarmi così, nel buio, in un'attività imprenditoriale li spaventava.

Figuriamoci quando ho provato a spiegare il settore.

Non avevano la minima idea di cosa stessi parlando e semplicemente si preoccupavano per me.

Parlavamo due lingue diverse e non riuscivo a spiegare, nemmeno con le parole più semplici, quanto sarebbe stato sempre più importante un lavoro come il mio, che dava vita alla presenza online di queste aziende.

Nonostante tutto non dissero nulla per fermarmi.

E li ringrazierò per sempre per questo.

La loro fiducia mi ha sempre accompagnato nei momenti difficili.

Mi ha sostenuto e mi ha spronato a non mollare e a credere in me stesso.

Un giorno qualsiasi, uno dei miei clienti si presentò con un'aria piuttosto perplessa.

Si lasciò cadere sulla sedia e mi disse:

*"Pietro, non sono molto convinto del sito, di internet… Vorrei capire, ma come funziona?"*

Sono caduto dalle nuvole.

Nessuno mi aveva mai fatto questa domanda.

Si limitavano ad ascoltare, a buttarsi nel nuovo mondo digitale per proporsi ai clienti.

*"Beh, le persone vogliono qualcosa, hanno bisogno di un prodotto o di un servizio… cercano su un motore di ricerca, su Google per lo più. E ricevono una serie di risposte".*

Mi guarda interessato senza batter ciglio:

*"Ok, allora voglio essere lì. Voglio apparire nelle prime risposte di Google"*

Sono rimasto di sasso.

Non avevo idea di come funzionasse.

Non ho voluto fare false promesse, creare aspettative.

Avrei potuto tranquillamente approfittare della sua fiducia e della scarsa conoscenza che aveva.

Potevo spacciarmi per esperto e portare a casa il mio guadagno, facendolo anche contento.

Tanto, come avrebbe capito che non stava funzionando?

Potevo prendere tempo, raccontargli qualcosa, buttar lì dei numeri e confonderlo.

E invece ho solo detto:

*"Non ho idea di come arrivarci"*

Mi immaginavo già la scena.

Lui che si arrabbia, si alza e se ne va.

Uno dei miei migliori clienti persi per sempre.

L'ultima cosa che potevo permettermi si stava materializzando davanti ai miei occhi.

Ma non potevo tradire me stesso e i miei valori.

E invece, con tutta calma, si limitò a pronunciare una sola parola:

*"Impara"*

Sul momento non sapevo se sentirmi sollevato o iniziare davvero a preoccuparmi.

Non avevo minimamente idea di come fare, ma non mi sarei lasciato sfuggire questa opportunità.

Così accettai la sfida.

# Capitolo 2
# Dalla crisi al posizionamento

*Non esiste vento favorevole per il marinaio*
*che non sa dove andare*
*(Lucio Anneo Seneca)*

Imparare però era più facile a dirsi che a farsi.

Esattamente come non insegnavano come fare l'imprenditore, non trovavo corsi specifici *per andare su internet*.

Ho iniziato facendo tanta pratica, lavorando e testando giorno e notte.

Non potevo deludere un cliente che aveva creduto in me, nelle mie potenzialità… e non potevo perdere questa sfida con me stesso.

Il mio cliente si occupava di parquet e ha subito voluto un sito orientato alla vendita, all'utente finale.

Un sito internet asciutto, semplice, ma con call to action frequenti, *"chiamate all'azione"* che portassero il potenziale cliente che finiva sul sito a fare qualcosa, ad agire, entrando subito in contatto con lui.

Io non ero mai andato oltre il classico sito dove la grafica la fa da padrona, con testi generici e un linguaggio elegante e formale.

Questa attitudine alla vendita, ai numeri, alla volontà di misurare tutto mi ha subito fatto capire che quello che volevo era portare conversioni, vendite vere, ottenere risultati concreti.

Dopo diversi mesi e tentativi sono riuscito a posizionare il mio cliente in prima pagina e poi sempre più in alto, vincendo la mia sfida.

## La SEO... questa sconosciuta

Il voler essere presenti su internet si traduceva nell'essere visibili prima di tutti gli altri sui motori di ricerca, su Google.

Perchè tu puoi anche avere un sito, ben fatto, interessante... ma come fanno le persone a saperlo?

Come possono trovarti e visitare il tuo sito?

Come giustamente si chiedeva il cliente, le persone cercano delle risposte su internet e lo fanno attraverso i motori di ricerca.

La SEO (acronimo per Search Engine Optimization) altro non è che un insieme di azioni che vengono svolte per migliorare il posizionamento e l'indicizzazione di un sito internet, da parte del motore di ricerca.

È una sorta di risposta allettante alle esigenze di un potenziale cliente.

Il tuo sito può avere tutte le caratteristiche che cerca un utente che sta alzando la mano e sta facendo una ricerca consapevole.

Per avere queste caratteristiche deve corrispondere alle parole chiave di una ricerca.

Se sai cosa cercano le persone nel tuo settore, puoi andare a intercettare la loro richiesta.

Questo oggi è ancora più impattante: le persone cercano sempre su Google, da qualsiasi tipo di dispositivo, dal cellulare al computer.

Oggi si fanno in media 5 miliardi di ricerche al giorno.

**Si è calcolato che circa in un mese si fa un numero di ricerche paragonabili a tutte le stelle che compongono la via Lattea.**

La prima domanda che mi sono posto quindi era rivolta ai termini di ricerca.

Cosa cercano le persone?

*"Dimmi su quali parole chiave vuoi posizionarti e io ti ci metto"*

All'inizio questo era il mio approccio.

Oggi so che è completamente sbagliato, ma all'epoca mi sembrava la cosa più sensata.

Chi meglio dei miei clienti poteva sapere quali parole erano più rilevanti per la loro attività, per il loro specifico settore?

Conoscevano bene i loro prodotti, i servizi che offrivano e a quali necessità andavano incontro.

Per questo all'inizio mi affidavo completamente alla lista di parole chiave che mi veniva indicata.

## A cosa servono le parole chiave?

La cosiddetta *keyword* è un insieme di parole (possono essere una o più di una) che le persone digitano su Google per fare una ricerca.

Per esempio, se tu abiti a Milano e dovessi cercare un ristorante per questa sera, per una cena romantica… cosa digiteresti su Google?

*"ristorante romantico Milano"*

*"cena per due Milano"*

Oppure potresti essere ancora più specifico:

*"ristorante romantico all'aperto vicino al Duomo"*

O generico:

*"cosa fare a cena per anniversario a Milano"*

**La cosa più importante è entrare nel dialogo mentale del tuo potenziale cliente**, capire se sta cercando il prodotto o il servizio, quindi già la soluzione, oppure se parte un pochino più indietro, dal problema, dalla necessità che l'ha spinto a fare la ricerca, a interrogare Google.

Questa operazione è tutt'altro che semplice da fare quando si tratta del tuo settore, del mondo con cui hai a che fare ogni giorno, e di cui conosci ogni piega, ogni dettaglio.

Questo significa che **tu e il tuo potenziale cliente non siete sullo stesso livello di consapevolezza**.

Non importa che lui sia o meno esperto… Quello che conta è partire dal suo problema, da quello che lo spinge a digitare quelle parole sul motore di ricerca.

Tu sei molto esperto, conosci ogni parola tecnica, specifica… e fai molta fatica a metterti dall'altra parte, nei suoi panni.

Questo perché ciò che ti viene chiesto è di **ragionare da pesce e non da pescatore**.

Cosa che è tutt'altro che semplice e intuitiva da fare.

Soprattutto se sei un pescatore esperto e tecnico.

**Ecco, io, purtroppo, ragionavo da pescatore.**

Finché, un giorno, questo mi ha fatto perdere un cliente importante.

Un cliente che devo ringraziare, perché mi ha aperto gli occhi, mostrandomi esattamento dove stavo sbagliando.

Si trattava di un negozio di biciclette, molto belle, particolari.

Mi aveva fornito la lista di parole chiave e io lo avevo posizionato.

Avevo fatto il mio lavoro di tecnico in modo ineccepibile.

Era ai primi posti in tutte le parole chiave che avevamo stabilito.

Una mattina mi chiama e mi dice:

*"Pietro, mi spiace ma dobbiamo interrompere il lavoro"*

Per me è stato come un pugno dritto in mezzo allo stomaco, del tutto inaspettato.

Ho sbarrato gli occhi, senza capire.

*"Perché, cos'è successo?"*

Ho pensato ad un problema… che fosse precipitato dalla prima alla ventesima pagina… Non potevo certo pensare ad altro.

*"No, no, siamo sempre ai primi posti, assolutamente, non
è successo nulla"*

Non riuscivo a capire.

Sono rimasto in silenzio, in attesa del resto delle informazioni, quelle che non mi sarebbero affatto piaciute.

*"Siamo ai primissimi posti con tutte le parole chiave… Ma
non ho chiuso nemmeno una vendita. Non ha portato nessun nuovo cliente"*

In quel momento ho capito.

È stato come una sorta di illuminazione: le parole chiave.

Non basta essere primi…

**Bisogna essere nelle prime posizioni sulle parole chia-
ve giuste per vendere.**

La lista che mi aveva fornito il cliente era farcita di termini
tecnici, di parole bellissime… che però praticamente nessuno cercava su Google.

Il mio orientamento al risultato era corretto, ma il risultato
non poteva essere la prima posizione… doveva essere la
vendita, la conversione di contatti in clienti.

Questo però presupponeva un approccio diverso al lavoro,
una strategia a monte, e una serie di parole chiave che
fossero frutto di una ricerca approfondita.

## La ricerca delle parole chiave che convertono

Per arrivare ad una lista di parole che portano ad una vendita, è utile partire da un'analisi della concorrenza.

Si valuta il loro posizionamento, su quali parole chiave sono presenti.

Si passa poi ad analizzare il loro sito, per capire come comunicano con i potenziali clienti, sia a livello di contenuti, di spiegazione dei prodotti, di immagini.

Infine si valuta la loro presenza sui diversi social, come la sviluppano.

Facendo queste operazioni per i competitor più importanti si riesce ad avere un quadro generale e capire dove posizionarsi.

Questo è anche un ottimo punto di partenza per ragionare sulle parole chiave da considerare per superare i competitor, ma di questo parleremo meglio nel capitolo 7.

Per rendermi conto che non c'era solo questo aspetto, ma tanto altro, dovevo sbatterci la testa in prima persona.


## Come mi faccio trovare dai potenziali clienti?

Io stesso, con la mia attività, avevo il bisogno e il desiderio di crescere e veder aumentare la mia clientela.

Per questo ho dovuto lavorare per trovare sempre più clienti e dar vita, pian piano, al mio sogno di ragazzino: creare una squadra forte, che lavorasse al mio fianco.

Ma una squadra deve crescere di pari passo con il lavoro richiesto.

**Quindi avevo bisogno di trovare nuovi clienti anche per la mia agenzia.**

Ti dirò la verità… non ero molto entusiasta all'idea di farmi pubblicità.

Non mi piaceva l'idea di promuovermi, avevo paura di "parlarmi addosso", di sembrare uno strano personaggio che strillava cercando di farsi notare. Per questo ho scelto vie meno esposte e ho cercato di costruirmi una specie di autorità apparendo in articoli specializzati.

Ho fatto diversi tentativi che, sono sincero, non hanno portato a nulla.

Ho provato con articoli su testate specialistiche del settore, per acquisire autorevolezza.

Ho testato la presenza su quotidiani nazionali, per aprirmi al grande pubblico.

Ho partecipato ad eventi importanti del settore e avevo grandi aspettative, anche perché si trattava di apparizioni con un costo piuttosto alto.

Ma, sono sincero, mi hanno portato qualche contatto, ma nessun nuovo cliente.

Stavo facendo pubblicità alla mia attività… e non stavo ottenendo nulla in cambio.

Ero piuttosto sconsolato, deluso.

Avevo tanti costi, sempre crescenti, e ogni iniziativa sembrava solo prevedere soldi in uscita e non in entrata.

Inoltre avevo un altro problema importante: ero io a dover prendere queste decisioni, da solo, e con la responsabilità di un'attività che stava crescendo.


## Il pericolo dei contatti "freddi"

Mi ritrovavo ad avere scarse abilità commerciali, di fronte a potenziali clienti che di me sapevano poco e niente.

Avere a che fare con contatti portati solo da un paio di articoli, con pochissime informazioni, che non sapevano quasi nulla sul mio lavoro… era quasi più rischioso che non averne.

Infatti si trattava di persone che non avevano alzato la mano, non mi avevano cercato direttamente.

Si erano "scontrate" con la mia pubblicità, ma non pensavano certo di averne bisogno.

Questo perché probabilmente non avevano ben chiaro quale fosse il mio ruolo e come potessi essere utile per loro: avrei avuto bisogno di un commerciale capace, in grado di fargli percorrere tutta la strada necessaria per accrescere il loro livello di consapevolezza... fino a capire se avrei potuto essere la soluzione perfetta al loro problema.

Ma non avevo quel commerciale... e io non ero in grado di farlo, non era quello il mio lavoro. Fino a quel momento i clienti erano arrivati, ma non sapevo bene come, probabilmente spinti dal mio entusiasmo e dai prezzi convenienti.

Di cosa avrei avuto bisogno allora?

Di contatti consapevoli del loro problema, che cercavano attivamente di trovare una soluzione e soddisfare una loro necessità, non che si limitavano a subire passivamente una specie di pubblicità, come ormai ce ne sono a milioni.

Quello avrebbe già risolto una bella fetta del problema.

Ma non solo, non bastava.

Così una mattina presto, mentre ero in ufficio a cercare una soluzione che sembrava non esistere... ho ripensato al cliente delle biciclette.

Ho cercato di ragionare lucidamente mettendomi nei suoi panni.

Quando se ne era andato per me era stato un momento di grande delusione.

Lo avevo vissuto come un fallimento personale molto importante.

Per me avere a che fare con un cliente non è solo un semplice rapporto unilaterale, con scambi freddi di dati.

Si tratta di un lavoro di squadra, attivo, dove io mi rendo conto di cosa significa aver bisogno di nuovi clienti per crescere ma anche, e soprattutto, per rimanere aperti.

## La responsabilità a cascata

I miei genitori, come ho già raccontato nel primo capitolo, sono persone umili, che hanno sempre vissuto la vita dei dipendenti.

Per questo il mio lavoro era una duplice fonte di preoccupazione: un settore del tutto alieno per loro e la volontà di avere una mia attività.

Sarò sempre grato a loro per tutte le paure e i dubbi che hanno trattenuto e celato dietro sorrisi di incoraggiamento.

Ma io sapevo bene cosa pensavano e questo mi ha sempre accompagnato nel mio lavoro e lo fa tutt'ora.

Sapevo che un'azienda, un imprenditore, un manager, quando studia una strategia, quando prepara un piano operativo per trovare nuovi clienti, espone e mette in campo tante persone, a cascata.

L'imprenditore per primo, con tutte le difficoltà e le responsabilità che si trova a dover sostenere.

Ogni scelta, ogni passaggio è delicato e per quanto si circondi di figure importanti, si ritroverà sempre solo di fronte ad una decisione.

I suoi manager, i responsabili di ogni comparto, dal commerciale, a quello produttivo, all'amministrazione, al marketing… tutti, ogni singola figura gioca un ruolo fondamentale nella partita che è fare impresa in Italia.

E tutti, uno dopo l'altro, subiranno le conseguenze, positive o negative, della strategia di acquisizione clienti.

Ho visto tantissime aziende assumere nuovo personale e premiare quello già esistente, quando aumentava il lavoro: crescita significa più fatturato e quindi anche più produzione, gestione, vendita.

Una crescita a cascata.

Ma in caso di fallimento?

Sapevo bene quanto poteva essere importante il mio lavoro e questa consapevolezza mi ha sempre spinto a sentire una forte responsabilità.

Mi sono sempre sentito parte di questa cascata, con la mia parte di doveri.

Mi sentivo parte della squadra e tutt'ora questa caratteristica non mi ha mai abbandonato, anche se, ovviamente, rende tutto più impegnativo, ma anche molto più soddisfacente.

Per questo ripensare al cliente delle biciclette mi faceva molto male.

Ma era fondamentale ragionare a fondo su cosa dovevo cambiare, cosa avrebbe fatto la differenza, per non far più capitare una cosa del genere.

Finché non ho capito dove si trovava l'errore.

Non avevo ancora la soluzione…

… ma avevo individuato il grosso punto debole.

## La strategia e le decisioni operative

Quello che avevo fatto era semplicemente procedere per tentativi, senza una strategia a monte, senza un ordine operativo chiaro e preciso.

Hai presente quei giochi delle riviste di enigmistica, dove hai una serie di puntini numerati?

All'inizio non capisci mai bene cosa verrà fuori, ma mentre pian piano segui i numeri per unire i puntini, vedi nascere sotto ai tuoi occhi un'immagine sempre più chiara e nitida.

Ecco, quello che stavo facendo io erano semplici iniziative a macchia di leopardo che, provando a unire i puntini, non davano vita ad un disegno bellissimo… ma ad una macchia informe.

Mancava una strategia ben precisa.

**Dovevo capire quali erano gli obiettivi, cosa volevano ottenere i clienti e, soprattutto, <u>se erano abbastanza realistici o pura utopia</u>.**

Poi **dovevo darmi delle tempistiche**: ogni piccolo obiettivo doveva avere una data precisa, con un calendario chiaro e definito.

Dovevo mostrare quello che facevo, ma soprattutto dimostrare quello che sapevo fare.

Dovevo puntare su persone consapevoli, che cercassero qualcuno come me.

**E come mostrarlo se non posizionandomi ai primi posti su Google per le parole chiave del mio settore?**

Quindi quello era un obiettivo importante… ma era solo la punta dell'iceberg.

Le persone non dovevano limitarsi a trovarmi.

Dovevano scegliere me invece di chiunque altro.

Nella prima pagina di Google ci sono dieci risultati.

Solo il 7% circa degli utenti di Google va oltre la prima pagina cliccando sulla seconda.

Quindi già essere nella prima pagina aumentava in maniera esponenziale la probabilità che le persone cliccassero sul mio sito.

Ma non bastava il click gratuito sulla prima pagina di Google.

**Una volta dentro il sito... cosa accadeva?**

Avevo bisogno di dare subito, in home page, le informazioni utili per essere contattato, per mostrare immediatamente cosa mi rendeva diverso da tutti gli altri.

**Perché dovrei scegliere te?**

Questa domanda è stata davvero fondamentale per me.

Oggi la concorrenza è sempre più vicina... le distanze si sono ormai sempre più annullate.

Quindi i tuoi concorrenti internazionali, o anche solo nazionali ma molto distanti, non sono meno pericolosi di quelli sotto casa.

Tutti sono a un click di distanza.

Per questo è sempre più importante riuscire a posizionarsi in modo molto preciso.

Così ho capito che il mio sito internet doveva rispecchiare quello che mi rendeva la scelta migliore per i miei potenziali clienti.

Era inutile che mi facessi tanta pubblicità… se non avevo poi le armi per trattenere le persone e far capire loro che ero la scelta giusta, perfetta per le loro esigenze.

Anche perchè avevo a disposizione il pubblico migliore possibile, quello più consapevole e pronto ad acquistare i miei servizi: chi cercava qualcosa su Google, affidandosi a questo straordinario e potente motore di ricerca per avere una risposta.

## L'oracolo di Delfi del ventunesimo secolo

Questa cittadina ospita il tempio dell'oracolo più famoso al mondo, l'oracolo di Apollo.

Le persone si recavano, con offerte di varia natura, a consultare l'oracolo, per ricevere una risposta, sia di natura privata, che pubblica, spesso in occasione di grandi guerre.

Il responso era sempre complesso da decifrare.

Andava interpretato, contestualizzato, per poter capire la decisione giusta da prendere.

Ma non veniva mai messo in dubbio.

Era sacro e ogni speranza veniva riposta lì, con totale fiducia.

Oggi, quando ci viene un dubbio, abbiamo bisogno di una risposta in tempi rapidi, abbiamo un'esigenza… cerchiamo su Google.

In meno di un secondo Google ti da la sua risposta, gratuitamente, seguendo un ordine specifico.

Infatti questo motore di ricerca capisce di cosa hai bisogno e ti fornisce una serie di risposte, in ordine di pertinenza con la tua ricerca.

Quindi tu sai già, e ti fidi, che in prima pagina ci saranno i risultati più utili per trovare la risposta alla tua esigenza, la soluzione al tuo problema, la soddisfazione del tuo desiderio.

Hai il mondo a portata di mano, letteralmente.

E **Google vuole che tu abbia il meglio da questa selezione**, vuole essere sicuro di farti avere quello che desideri nel minor tempo possibile, per evitare che tu ti rivolga ad altri motori di ricerca, come Yahoo.

Per questo ho lavorato per posizionarmi ai primi posti nelle parole chiave inerenti al mio settore, basandomi su quello che cercavano le persone.

Ho lavorato sul mio sito per renderlo chiaro, fruibile, utile.

Ho inserito contenuti, ho reso facile un primo contatto, ho mostrato in modo semplice e immediato quale era il mio posizionamento e perché avrebbero dovuto scegliere proprio me, tra tutti.

In quel momento ho dovuto valutare il mio posizionamento.

Che clienti volevo attirare? Con chi volevo lavorare?

Chi avrebbe avuto i risultati migliori dal mio lavoro?

## Il mondo del b2b e le grandi occasioni

Circa una metà dei miei clienti erano aziende b2c, che vendevano direttamente all'utente finale.

Imprenditori orientati al risultato, alla vendita, alla ricerca di numeri alti, di tantissimi contatti locali.

Erano abituati a vendite one shot, occasionali e questo li rendeva sempre affamati di nuovi contatti.

Studiando con attenzione i miei clienti e il mondo della SEO, ho cercato di capire quale sarebbe stato il mio cliente ideale, come se potessi disegnarlo.

Il mondo di Google richiede una ricerca attiva e quindi un passo in più nella consapevolezza di avere un problema, una necessità.

Il cliente ideale aveva bisogno di clienti, ma clienti consapevoli, come gli utenti che fanno ricerca su Google.

E chi meglio delle aziende che operano nel b2b?

Il b2b è un mondo complesso e pieno di opportunità.

Ciò che viene offerto ha un valore più alto, con clienti spesso ricorrenti (sappiamo quanto sia complesso e lungo cambiare fornitore) e anche internazionali.

La ricerca di prodotti e servizi viene fatta con calma, con attenzione, è un vero e proprio lavoro per loro.

Per questo le ricerche su Google sono approfondite e i testi del sito web diventando cruciali per la scelta.

**Qui sì che la SEO dava il massimo e aveva il maggior "value for money".**

Da qui la scelta di diventare un'agenzia specializzata nel mondo b2b.

Ci sono tante figure che ruotano intorno a questo complesso universo.

Questo aspetto complica il gioco, ma rimane una certezza incrollabile: cercano fornitori.

E sempre più online.

Fare una ricerca online è un passo semplice e molto veloce, che ti permette di avere una panoramica immediata e molto ampia, a livello internazionale, di cosa c'è sul mercato che risponde alle tue esigenze.

Senza nemmeno rendermene conto stavo pianificando la mia strategia aziendale.

Stava lentamente prendendo forma il disegno, stavo unendo tutti i puntini e ottenendo quello che sarebbe stato il mio piano d'azione, basato su una strategia chiara, ben definita, con obiettivi precisi.

Ma non si trattava solo della mia strategia.

## La SEO strategica

Attraverso la mia difficile esperienza avevo capito che la SEO da sola non bastava.

Essere ai primi posti era importante, ma per essere anche efficace e convertire, portare clienti e fatturato, doveva avere alle spalle una strategia.

Una strategia che prevedesse una serie di operazioni, di piccole accortezze graduali, che portassero le persone non solo a vederti, ma a sceglierti, ad agire.

Un nuovo approccio alla SEO, più orientato al risultato, a lavorare in maniera specifica sul caso di ogni singolo cliente.

Posizionarmi ai primi posti nelle parole chiave del mio settore e applicare quelle strategie sul mio sito ha dato subito i suoi frutti.

Arrivavano persone "calde", non contatti freddi e che non avevano alzato la mano per primi, cercando qualcosa che li aiutasse.

Grazie a questo cambiamento importante ho potuto iniziare a dar vita al mio sogno, introducendo altre persone nell'attività in modo continuativo, evitando collaborazioni freelance.

Volevo dar vita ad una squadra che condividesse i miei stessi valori e che sposasse il mio metodo di lavoro.

Con i freelance non avrei potuto: si tratta di professionisti che lavorano per diverse realtà e che non sempre seguono un progetto dall'inizio alla fine, cosa che invece è indispensabile per il successo e la coerenza del lavoro.

Avevo ben chiaro cosa non volevo e per come stanno andando le cose ora, posso ritenermi piuttosto soddisfatto.

Non volevo collaboratori occasionali.

Persone che andavano e venivano, che si ritrovavano catapultate in realtà che non conoscevano, magari alle prime armi.

Per me era fondamentale che i miei clienti riconoscessero le facce dei miei collaboratori, senza ritrovarsi ogni volta con persone nuove, a cui rispiegare tutto… un disastro.

Volevo quindi costruire un team solido ed esperto, affidabile.

Oggi posso dire di esserci riuscito e di avere 5 SEO senior, esperti e con una solida esperienza alle spalle.

La maggior parte di loro si è costruita questa esperienza al mio fianco: molti di loro hanno iniziato con uno stage anni fa e ora sono senior.

Come ciliegina sulla torta nel 2019 ho raggiunto un traguardo che per me, che ho iniziato tra quattro mura con un computer e la linea telefonica, era solo un sogno.

## La nascita del Lambrate Digital Lab

Nel 2019 ho inaugurato la nuova sede della mia azienda, nel cuore di Lambrate a Milano.

Volevo un luogo dove si potessero incontrare tante professionalità diverse, per avere sempre nuovi spunti, idee, contaminazioni.

Spazi ampi, diversi uffici… la possibilità di confrontarsi e avere un luogo di riferimento, un punto di incontro fisico per un mondo che non poteva essere solo digitale, ma che doveva avere un solido appoggio nel mondo reale.

Ad oggi abbiamo organizzato in sede 9 eventi con più di 600 iscritti e, nel 2019 abbiamo vinto il Premio Mediastar nella categoria SEO.

Sta prendendo forma quello che ho sempre sognato: creare delle tavole rotonde di confronto con diversi esperti del settore, per dar vita ad una community dove condividere le proprie esperienze e competenze.

# Capitolo 3
# La tua Fiera... online



Quando ho deciso di orientarmi verso il mondo del b2b, ho cercato di capire il più possibile come funzionava... partendo dal mondo reale.

So che il mio campo è il digital, ma ho sempre cercato di annullare questa istintiva divisione tra un mondo reale, concreto, vero, fatto di persone in carne e ossa...

... e quel mondo rarefatto, impalpabile che è il web, internet.

Il mondo reale, per le aziende b2b, è fatto di contatti.

Quando cerchi un fornitore, stai facendo una ricerca seria, approfondita, che fa parte del tuo lavoro.

Infatti il b2b si riferisce ad aziende che vendono prodotti e servizi ad altre aziende.

Generalmente si parla di vendite articolate, lunghe, complesse, che però portano a incrementi e guadagni importanti e strutturati.

## Cosa si vende nel b2b?

Le aziende che si rivolgono a me si occupano di vendere:

- impianti industriali

- componentistica meccanica / elettronica

- materie prime chimiche che vengono distribuite alle aziende

- servizi professionali per imprese

- soluzioni software

- ecc...

Queste vendite avvengono attraverso quelli che abbiamo chiamato contatti.


## Dove si creano queste reti di contatti?

Il luogo ideale dove intrecciare queste reti di contatti è la **fiera**.

Nel b2b non abbiamo negozi, luoghi dove si decide di andare nel momento in cui si ha il bisogno o il desiderio di fare un particolare acquisto.

Abbiamo contatti.

## Come si sono generati questi contatti?

Escludendo il passaparola (fantastico ma difficile da controllare ed incentivare), sono praticamente sempre nati da incontri diretti durante le occasioni in cui tutto il mondo del b2b si ritrova nello stesso luogo: le fiere.

In fiera si stringono conoscenze che diventeranno il bacino da cui attingere i fornitori nel momento del bisogno.

Si tratta di uno strumento commerciale strategico di fondamentale importanza per dichiarare la propria presenza nel settore e per farsi trovare da potenziali clienti.

La fiera serve per entrare in contatto con loro, ma non solo.

Aiuta a consolidare la propria presenza anche nei confronti di chi è già cliente.

**Se ci pensi, sono poche le occasioni di incontro nel mondo del b2b.**

In fiera puoi dialogare con i commerciali, magari in alcuni casi con i titolari stessi delle aziende, e ottenere la giusta dose di autorevolezza, con una presenza importante, uno stand di tutto rispetto.

È davvero un potente strumento di comunicazione.

Anche perchè le altre occasioni sono davvero poche: qualche presenza in riviste tecniche, specialistiche del settore, qualche newsletter, cartacea o digitale... pochissimo altro.

**La fiera rappresenta il punto d'incontro tra offerta e domanda, ed essere presenti significa esistere.**

Proprio il fatto di avere scarsissime occasioni di incontrare i clienti e i potenziali clienti, rende la fiera un nodo cruciale: se non sei presente non esisti.

I tuoi clienti possono notare facilmente la tua assenza e temere il peggio:

*"starà fallendo?"*

*"mi sa che sta andando male"*

*"ah, la crisi!"*

E il pensiero direttamente conseguente ce lo possiamo immaginare:

*"Meglio buttare un occhio in giro… se dovesse avere dei problemi ci servirà un nuovo fornitore".*

E il rischio che qualcuno si venda bene, faccia una buona impressione e possa scavalcarti è sempre meglio non correrlo.

Se invece non ti conoscevano, non si porranno neppure il problema… semplicemente per loro non sarai mai esistito.

Le fiere, con l'ampliarsi del mercato e l'internazionalizzazione dei concorrenti, hanno creato occasioni di incontro sempre più mirate e specialistiche.

Sono eventi per lo più annuali e sono una vetrina sul mondo sempre più importante.

In questo modo si ha la fortuna di parlare direttamente con il proprio target ideale di clienti, gli operatori del settore che stanno cercando proprio te, come soluzione ad un loro problema e in risposta ad una necessità.

**Certo, andare in fiera ha un costo elevato.**

La posizione e la dimensione dello stand è importante e spesso tende a rispecchiare la solidità e l'importanza dell'azienda, soprattutto ad una prima impressione superficiale.

Inoltre ci sono i costi di trasferta: le fiere si svolgono sia in Italia che all'estero e presentano dei costi di trasferimento, vitto e alloggio per tutta la durata dell'evento (da uno a più giorni).

Non ultimo il costo del personale: chi manderai in fiera e si occuperà di rappresentare l'azienda, i prodotti, i servizi e i valori che stanno alla base dell'impresa.

Il ruolo di queste persone è cruciale perché sono il tuo biglietto da visita, la capacità di presentare quello che offri, acquisire contatti utili e consolidare i legami già esistenti.

## Cosa succede in fiera?

Durante la fiera si possono presentare prodotti o servizi nuovi, aggiornati.

Nella migliore delle ipotesi si raggiunge già un accordo e una firma di un contratto, ma nella maggior parte dei casi si genera un contatto utile, caldo.

## Cos'è un contatto caldo?

Si tratta di un potenziale cliente che è stato attirato dalla presentazione del prodotto, dallo stand, dall'abilità del personale presente in fiera.

È un contatto che ha alzato la mano, ha fatto qualcosa per andare alla ricerca di prodotti e servizi nuovi, che ora ti conosce, sa come ti presenti e cosa ti differenzia rispetto alla concorrenza.

È informato, ha acquisito informazioni e questo lo rende interessato, sulla buona strada per scegliere te come fornitore.

Dato il costo e le poche occasioni di fiere di settore, è importante gestire al meglio questi contatti.

Ogni persona che si avvicina allo stand è un potenziale cliente in target, perfetto per te.

Fa parte del settore (sappiamo bene che queste fiere sono aperte quasi solo agli addetti ai lavori), è interessato ad acquisire contatti utili, è lì esattamente per questo motivo, fa parte del suo lavoro.

La parte delicata e importante è prendere i contatti di questi potenziali clienti e trasmettergli tutte le informazioni di loro interesse.

## Cosa vogliono da te i contatti in fiera?

Per ora stiamo parlando di potenziali clienti: non ti conoscono oppure hanno vagamente presente il tuo brand, ma non hanno mai acquistato nulla da te.

La prima cosa che li attira è lo stand.

Le dimensioni, i colori, la struttura e la posizione nella fiera sono molto importanti.

La comunicazione visiva, i messaggi che vengono trasmessi tramite lo stand, sono il primo modo per farsi notare.

Nuovi prodotti o servizi, aggiornamenti tecnologici che semplificano la vita degli operatori (e quindi di manager e imprenditori che li acquistano)... qualsiasi novità che viene portata in fiera deve essere subito facile da notare e identificare.

In pratica devi saltare all'occhio.

Importante poi è trattenere questa curiosità, incanalarla e trasformarla in interesse vero e proprio.

Questo compito spetta a chi presenzierà lo stand.

Personale preparato e pronto a raccogliere contatti, biglietti da visita o compilare il rapporto di visita.

Tutto questo deve avvenire nel modo più naturale possibile, senza forzature e pressioni.

Non necessariamente, come dicevamo, deve chiudersi subito un accordo, un contratto.

Sono processi di vendita lunghi, che quasi sempre coinvolgono più figure professionali.

Ma tornare a casa dalla fatica di una fiera con diversi contatti utili è un traguardo molto importante per la crescita aziendale.

## Come capiamo se un contatto è utile?

Un contatto utile è, come dicevamo, un potenziale cliente caldo, che ha ricevuto informazioni, ha dimostrato interesse.

So che spesso ci si ritrova con lo stand pieno di persone e si fatica a capire come dare ascolto a tutti.

Non è nemmeno facile filtrare queste persone, capendo chi è davvero interessato rispetto a chi sta solo curiosando.

Tutti sono potenziali clienti, quindi è importante avere sufficiente personale allo stand da poter dedicare un minimo di tempo a tutti.

Poi, parlando, si capisce chi vuole davvero andare oltre due parole superficiali, perché realmente interessato ad un potenziale acquisto.

In questa prima analisi aiuta molto l'esperienza e l'empatia, la capacità di entrare subito in contatto con perfetti estranei.

Un piccolo consiglio, che vale un po' in tutti i settori, è quello, a fronte di una domanda, di non dilungarsi troppo in risposte lunghe e approfondite, ma di cercare di capire qualcosa in più sulle sue esigenze.

**Non cadiamo nella trappola di parlarci addosso.**

Questo è un rischio molto frequente.

Capita a tutti, quando parliamo della nostra azienda e del nostro amato prodotto o servizio, di lasciarci andare a dettagli tecnici, elogi, caratteristiche della nostra attività.

È più che normale e molto utile in determinate situazioni.

In fiera però siamo ancora indietro nel processo decisionale ed è importante capire più cose possibili del nostro interlocutore.

Scoprire più informazioni possibili dell'azienda per cui lavora (o che possiede, se è direttamente l'imprenditore).

Capire che esigenze ha, quali sono i suoi problemi, i benefici che vorrebbe da un prodotto/servizio come il tuo.

Questo ti aiuta non solo a qualificare il contatto, capendo se è utile e interessato oppure no, ma ti fa soprattutto scoprire l'angolo d'attacco ideale, ovvero quello che vuole sentirsi dire per scegliere te, che sarai la soluzione perfetta di ogni suo problema.

Questo è lo scenario della fiera.

Uno scenario preziosissimo, dove hai racchiusi in un unico luogo tantissimi clienti perfetti per la tua azienda.

**Ma questo scenario trova il suo corrispettivo digitale in Google.**

Google gioca un doppio ruolo molto importante, sia per supportare e migliorare la tua attività in fiera, sia per rappresentare la tua fiera "fissa" online.

Partiamo proprio da questo secondo punto.

**Google rappresenta la tua fiera online permanente.**

So che può sembrare strano, facciamo un passo per volta.

Vediamo Google per quello che rappresenta per chi sta cercando un fornitore.

Quando un operatore cerca un fornitore, sta alzando la mano, sta compiendo un'operazione che rientra nelle sue mansioni lavorative.

Ha quindi intenzione di fare una ricerca approfondita, per non rischiare di prendere una decisione sbagliata e subirne le conseguenze sul posto di lavoro.

Si tratta di una ricerca professionale, fatta dal computer, da desktop non, per intenderci, dal cellulare stando ben comodi sul divano di casa.

La ricerca su Google restituisce una serie di risultati a questo potenziale cliente.

**In alto si troverà quelli che Google presenta come "*annunci*".**

Chi appare in alto è lì perché ha pagato, non perchè secondo Google merita di apparire per primo, e questo il motore di ricerca è obbligato a comunicarlo.

Spesso molti scartano questi primi annunci e vanno sui risultati organici, quelli che Google ha ritenuto più pertinenti alla ricerca.

Torniamo un attimo sulla ricerca di cui abbiamo parlato nel capitolo precedente:

*"Ristorante romantico Milano"*

Se ti ritrovi di fronte ad un annuncio, penserai che questo ristorante ha pagato per apparire in queste ricerche, ed è corretto.

Se scendi leggermente vedrai che gli altri siti proposti nella prima pagina sono, secondo Google, i ristoranti più romantici di Milano o comunque i siti dove troverai le migliori indicazioni, recensioni, foto… tutto ciò che ti serve per prendere la miglior decisione possibile.

Più sei in alto, senza essere un annuncio, quindi senza aver pagato, più è grande e bello il tuo stand.

È un modo per mostrarsi, saltare all'occhio di chi sta girando per la fiera online che è Google.

**La capacità dei tuoi operatori di presentarsi… è data dal tuo sito.**

Le persone hanno notato il tuo stand: è grande, ben fatto, innovativo e molto accattivante.

Hai fatto un ottimo lavoro.

Quando però si avvicinano la palla passa agli operatori, alle persone che hai deciso di mandare in fiera a rappresentarti.

La loro capacità di creare interesse, di entrare subito in sintonia con il potenziale cliente, capirne le esigenze, i dubbi e riuscire a catturarne l'attenzione… determinerà i buoni frutti della fiera.

Come abbiamo detto, i costi non sono per niente bassi, e riuscire a tornare a casa con una serie di contatti caldi, utili, da chiudere, è davvero importante, per rientrare dalla spesa e agevolare una crescita del fatturato.

Nella tua fiera online questo ruolo è rappresentato dal tuo sito.

Quando un utente ti sceglie e decide di cliccare sul link del tuo sito, hai ottenuto del traffico, ovvero una visita.

Questa visita è gratuita, a differenza degli annunci, che pagano per ogni click.

Ma non è sufficiente.

**Una visita al sito, di per sé, significa molto poco.**

La prima cosa che si trovano di fronte è l'home page, la prima pagina del tuo sito.

Se già in questo primo approccio capiscono:

- chi sei;

- dove trovarti;

- come contattarti;

- cosa vendi;

- cosa rende unico e perfetto per loro il tuo prodotto/servizio…

… hai un ottimo biglietto da visita.

Facendo questa prima buona impressione, avrai ottenuto la decisione di navigare un po' più in profondità e visitare le diverse pagine che compongono il sito.

**Come quando in fiera le prime parole dei tuoi operatori li colpiscono e li fanno fermare allo stand per saperne di più.**

Ora non bisogna sprecare questo primo contatto.

Ricordiamoci che si tratta di un contatto di Google, non tuo.

La mossa ideale è trasformarlo **in un *tuo* contatto**, di modo da poter comunicare con lui e arrivare ad avviare un processo di acquisto.

Per questo è importante che possa subito facilmente contattarti oppure, se non è ancora del tutto pronto per un primo incontro, possa avere accesso a del materiale informativo più approfondito.

Per avere l'accesso a questo materiale viene richiesto un dato di contatto, solitamente la mail.

In questo modo questo utente e potenziale cliente diventa un tuo contatto, esattamente come accade in fiera con il biglietto da visita o il rapporto della visita che viene compilato.

Questo passaggio è molto importante perché i processi decisionali dei buyer sono lunghi, complessi, richiedono tempo.

Qui arriviamo all'altro ruolo di Google, quello in cui arriva a sostegno della tua attività in fiera.

Questo è importante perchè trovo assurdo pensare che l'online voglia sostituirsi all'offline.

Non serve una posizione così radicale.

Il mondo delle fiere è fondamentale, un contatto diretto, di persona, non potrà mai valere meno di un click e due foto sul sito internet.

Le due realtà però possono intrecciarsi e migliorare le performance ottenute in fiera.

Come sappiamo le fiere sono poche, costose, e renderle il più performanti possibile è un obiettivo fondamentale per far crescere il fatturato della tua azienda.

## Ma come possono intrecciarsi fiere e Google?

Questa domanda trova la sua risposta perfetta nel percorso che, ad oggi, accompagna un buyer che si prepara a partecipare ad una fiera.

Oggi il mondo digitale ci permette di raccogliere tantissime informazioni in una manciata di minuti.

In questo modo il potenziale cliente ha già a disposizione l'elenco delle aziende che si ritroverà davanti in fiera… e cosa può fare?

Cercare di ottimizzare il tempo che avrà a disposizione (sappiamo bene quanti stand ci sono in fiere così grandi...) facendo delle ricerche su internet.

In questo modo può farsi un'idea di cosa lo aspetta, di quali sono le realtà più strutturate, più presenti online.

Il suo tempo a disposizione viene organizzato per arrivare il più preparato possibile ad un contatto reale, offline.

**Ma quanto tempo dedica un buyer B2B alla ricerca di fornitori?**

## Incontro con il commerciale sempre più tardi

Solo il 17% del tempo del Buyer B2B è dedicato a incontrare il potenziale fornitore.

L'83% è dedicato a ricerche indipendenti.
Di queste 1/3 è online.

Come vedi dal grafico a torta, si arriva al contatto diretto come ultima cosa, quando già il buyer ha raccolto molte informazioni.

**Sai che oltre il 67% dei buyer arriva in fiera con già un bagaglio di informazioni prese online?**

Ormai, come dicevamo, la possibilità di fare una veloce ricerca online è un'occasione troppo importante per non sfruttarla.

**Cosa permette di fare questa ricerca?**

Grazie a questa velocissima ricerca possono scoprire:

- quanti fornitori hanno a disposizione in Italia e all'estero;

- chi sono questi fornitori e come si presentano;

- cosa differenzia tutti questi potenziali fornitori l'uno dall'altro, per capire chi è più adatto alle loro esigenze.

Il processo di acquisto di questi buyers difficilmente porta ad un acquisto d'impulso.

Sarebbe controproducente e non hanno nessun motivo di rischiare di commettere errori che a cascata porterebbero danni all'azienda per cui lavorano.

Hanno una responsabilità non da poco e ne sono ben consapevoli.

Pensa alle conseguenze di una scelta sbagliata.

Si ritroverebbero la colpa di aver scelto un fornitore poco affidabile o costoso.

Per questo motivo sono molto restii a cambiare fornitore.

Deve esserci un valido motivo che li spinge ad avventurarsi in questa ricerca, che li spinge a cercare informazioni online molto prima della data effettiva della fiera, per non arrivare impreparati.

**Questo deve essere il motore che ti spinge a prepararti a tua volta molto prima della data della fiera.**

Vediamo come.

Questi potenziali clienti, come dicevamo, già mesi prima della data della fiera sono alla ricerca di informazioni online.

È il momento perfetto per intercettarli.

**È così importante cogliere questo attimo?**

Pensa a quante volte cerchi un ristorante, un oggetto, qualsiasi cosa su Google.

Diverse volte al giorno.

Ma quante volte hai bisogno di un fornitore?

Pochissime.

Il meno possibile dato che si tratta di soldi che usciranno dall'azienda. Per questo bisogna essere pronti per sfruttare al meglio queste occasioni.

Non sono tantissime, è vero, ma sono preziose e possono portare alla chiusura di accordi, anche a lungo termine, cospicui e molto profittevoli.

Quindi dobbiamo arrivarci preparati e intercettare questi potenziali clienti nel momento in cui cercheranno informazioni online sugli stand della fiera.

Per questo è il momento giusto per sponsorizzare online la tua partecipazione alla fiera, con annunci che mostrino dove sarai (padiglione, stand…) e rimandino al tuo sito, dove potranno trovare tutte le informazioni utili a capire cosa vendi e cosa ti rende diverso da tutti gli altri.

Sulla pagina del tuo sito dedicata alla fiera potranno già lasciare i loro dati e prendere un appuntamento per un incontro.

In questo modo scavalcherai tutti gli altri stand nella loro mente e sapranno già dove andare subito in fiera, senza perdersi tra decine di padiglioni e centinaia di stand.

Ricordiamoci che non stanno passeggiando in una fiera per diletto, come passatempo.

Fa parte del loro lavoro e poter ottimizzare i tempi è molto prezioso.

Se durante la visita al sito riusciamo già ad ottenere un contatto, con materiale scaricabile dopo aver lasciato l'indirizzo email o con l'iscrizione ad una newsletter, ancora meglio.

## Quali sono gli altri obiettivi di queste sponsorizzazioni?

Oltre a colpire direttamente chi sarà presente in fiera e verrà al tuo stand, potrai far sapere a tutti, anche a chi non potrà per mille motivi partecipare, che tu ci sarai e con che prodotto/servizio, con quale innovazione…

Il tuo brand sarà più conosciuto e tutti potranno sapere che sarai presente in quella fiera.

Tutto questo contribuisce all'autorevolezza del tuo nome e di ciò che vendi.

In più, la possibilità di poter raccogliere i nominativi di persone che non potranno essere presenti in fiera è un ottimo vantaggio.

Potrai coltivare questi contatti e iniziare comunque un processo di contatto e futura vendita.

Le campagne di promozione della tua presenza in fiera devono partire alcuni mesi prima, almeno quattro.

In questo modo anche chi non aveva ancora deciso di partecipare alla fiera può correre ai ripari e venirti a trovare.

Questo passaggio è molto importante.

Dato che le fiere sono poche e costose, cerchiamo di ottimizzarle al massimo portando più contatti utili possibili.

Questo coinvolge **i tuoi già clienti**, che verranno a sapere della tua presenza e capiranno quali novità presenterai (operazioni perfette per mantenerli come clienti e non farseli rubare dalla concorrenza in fiera).

Inoltre coinvolge **i tuoi contatti che non hanno ancora acquistato**, accrescendo la tua autorità grazie alla presenza in fiera e alle novità che presenterai (e potrebbe spingerli a venirti a trovare finalizzando finalmente l'acquisto).

Infine coinvolge chi ancora non ti conosce, ma grazie alle sponsorizzazioni legate alle parole chiave della fiera, scopre chi sei, cosa vendi, cosa presenterai in fiera… inizia a scoprirti e ad acquisire informazioni preziose prima della fiera.

Questa coesistenza di digitale e fisico è preziosa sia per te che per i tuoi potenziali clienti, che hanno fame di informazioni per arrivare all'incontro fisico già preparati.

Google poi ha la possibilità di essere per te una fiera **gratuita** (come abbiamo detto, le sponsorizzate servono in poche mirate occasioni, come far sapere della tua presenza in fiera) e **permanente**, senza data di scadenza.

Puoi avere uno stand stupendo, tra i primi posti nella prima pagina di Google, quindi estremamente visibile e autorevole.

Puoi poi avere un personale preparatissimo, in grado di dare informazioni preziose a chi si avvicina, catturando l'attenzione e iniziando un contatto reale e utile, con un processo di vendita: il tuo sito internet.

Il ruolo della SEO è quello di mostrare a chi organizza questa speciale fiera online, Google, che il tuo stand è importante e risponde alle esigenze dei visitatori, che da te troveranno informazioni utili e la risposta alla loro ricerca.

Che è esattamente quello che Google vuole dare ai suoi utenti, per essere sempre il loro motore di ricerca di riferimento.

Il posizionamento Google è centrale ma occorre scavare più in profondità.
Per premiare la tua lungimiranza, ho dato vita ad una nuova opportunità che ti permetterà di parlare direttamente con me riguardo alla tua situazione specifica. La trovi al link https://www.cdweb.it/risorse-libro

# Capitolo 4:
# Dove sono i tuoi clienti
# e come farti trovare

*I clienti non si aspettano che siate perfetti.*
*Vogliono semplicemente che risolviate*
*i problemi quando si verificano*
*(Donald Porter)*

Il motivo per cui partecipiamo alle fiere (e organizziamo la nostra presenza nella fiera online che è Google) è quello di acquisire nuovi clienti per veder crescere il fatturato e l'azienda.

Il cliente che mi ha spinto a scoprire il mondo di Google e della SEO, chiedendomi come funzionasse internet, mi ha portato a dargli una risposta che è diventata cruciale per me:

*"Beh, le persone vogliono qualcosa, hanno bisogno di un prodotto o di un servizio… cercano su un motore di ricerca, su Google per lo più. E ricevono una serie di risposte".*

Tutti noi facciamo ogni giorno diverse ricerche su Google.

Si è dimostrato il motore di ricerca più veloce e in grado di fornire risposte pertinenti, aiutandoci a ottenere quello che desideriamo.

Se facciamo una ricerca molto generica ci aiuterà a renderla più specifica, prima di tutto con **l'autocompletamento**, che mentre digitiamo ci propone di completare la frase suggerendo quello che altri utenti hanno cercato più spesso.



Come se non bastasse, ci supporta con le **ricerche correlate**, che si trovano alla fine della prima pagina.

Per Google, se sono arrivato in fondo alla prima pagina senza trovare una risposta del tutto soddisfacente, posso approfondire la ricerca grazie alle parole chiave aggiuntive che mi suggerisce.

**Questo perché tutto ha inizio da quello che gli utenti stanno cercando: Google guida la nostra ricerca per renderla efficace e farci trovare la risposta perfetta**

Decidiamo di cercare qualcosa su Google per avere nel minor tempo possibile la risposta corretta e più utile.

Per andare incontro sempre di più a questa esigenza, e posizionarsi al primo posto tra i motori di ricerca disponibili, Google ci aiuta a fare la ricerca giusta.

**Come? Attraverso il "forse cercavi…"**

Potremmo aver sbagliato, nella fretta, a digitare e invece di finire su risultati del tutto scollegati al nostro problema, Google ci aiuta a ritornare nei binari, suggerendoci la parola corretta.

Questo serve per non perdere tempo e per veder comparire nella prima pagina la risposta alla nostra domanda.

**Tutto ha lo scopo di ottimizzare i risultati per non dover finire sulla seconda pagina.**

Per Google è quasi un fallimento quando clicchiamo sulla pagina numero due.

Significa che non ha fatto bene il suo lavoro di indirizzamento della ricerca per fornire il risultato perfetto nei primi dieci della prima pagina.

Negli anni si è affinato sempre di più per mettere subito a disposizione, in prima pagina, le risposte migliori, più meritevoli e adatte alle esigenze di chi fa la ricerca.

**Questo ha portato al fatto che oltre il 90% degli utenti si ferma alla prima pagina, non clicca sulla seconda.**

E come mai non ha la curiosità di andare oltre, di scoprire cosa c'è nella seconda e magari nella terza e quarta pagina?

Perché non ne ha bisogno.

Ha già trovato quello che cercava.

Google gli ha già mostrato nei primi 10 risultati quello che risponde perfettamente alla sua richiesta.

Questa soddisfazione gioca un ruolo fondamentale nella mente della persona che si è rivolta al motore di ricerca per avere un aiuto concreto.

## Perché cerchiamo su Google? La psicologia della ricerca

Quando abbiamo voglia di distrarci attraverso il web, sappiamo bene dove dirigere la nostra attenzione.

Ci sono ormai diversi tipi di social disponibili, siti dove dedicarci allo shopping personale… abbiamo un mondo a disposizione.

Ma, come abbiamo visto nel capitolo precedente, i clienti target del mondo b2b non fanno ricerche per diletto, per passare il tempo.

Per loro **la ricerca su Google fa parte del lavoro**, di tempo trascorso in ufficio, davanti al computer, per prendere contatti con potenziali fornitori.

Sono figure spinte dalla necessità di nuovi macchinari, nuovi software… soluzioni per migliorare le performance aziendali, semplificare e ottimizzare procedure.

Oppure per necessità di manutenzione o per sostituire una componente che si è rotta o che non sta funzionando nel modo corretto.

Hanno un problema, un'esigenza e stanno cercando informazioni online su come risolvere questo problema nel modo più efficace e conveniente.

Google sa quanto è importante il tempo per le persone, tanto più per ricerche in ambito lavorativo.

Per questo cerca di capire queste esigenze, di comprendere e ascoltare i bisogni di chi sta digitando delle parole, le famose parole chiave.

La complessità maggiore presente nel mondo b2b è data dal fatto che ci troviamo ad avere a che fare con **diverse figure** che possono fare la ricerca.

La catena decisionale è lunga e articolata e questo porta a diverse tipologie di parole chiave che possono venir digitate su Google.

**Quello che però capita più spesso è che si parta dal problema, non dalla soluzione.**

La ricerca di un nuovo fornitore parte sempre da un cambiamento.

Può essere il tuo fornitore abituale che ti abbandona, che chiude i battenti… insomma che ti lascia con la mancanza di una figura di riferimento, di un appoggio sicuro e affidabile per la tua azienda.

Oppure il tutto può partire da una novità, dall'introduzione di un nuovo software o di un nuovo strumento che migliorerà le performance di qualche reparto aziendale.

In questo caso dobbiamo trovare da zero un fornitore a cui appoggiarci.

È un bel problema intraprendere una nuova *"relazione"* con un fornitore.

Non lo conosci, non sai quanto sia disponibile, affidabile, esperto.

**Quindi, tirando le somme, tutto inizia con un problema.**

Problema che però può essere visto da angolazioni diverse a seconda della figura aziendale che farà la ricerca.

Può essere un **tecnico**, il capo di un reparto aziendale, qualcuno che usa termini specifici e cerca una maggior prestazione, un pezzo da sostituire.

Può essere un **commerciale**, un buyer o, se l'azienda è piccola, direttamente l'imprenditore, che vuole ottimizzare qualche comparto dell'impresa e ho bisogno di trovare una soluzione.

Queste figure partiranno tutte da una serie di parole chiave, che hanno lo scopo di identificare il problema o trovare immediatamente la soluzione.

Stiamo parlando quindi di due macro categorie, che rispecchiano due livelli di consapevolezza paralleli, ma differenti.

Facciamo un esempio per essere più chiari.

Abbiamo un'azienda con un ampio magazzino, dove va a catalogare tutto ciò che produce.

Questo magazzino però è sempre più pieno, quasi a tappo, ma al momento non hanno a disposizione ulteriore spazio per espandersi e aggiungere altri metri quadrati.

In questo caso ci sono due possibili categorie di ricerca.

Quella basata sul **problema**:

*come ottimizzare lo spazio in magazzino*

Quella basata sulla **soluzione**:

*scaffalature componibili industriali*

È importante ampliare il nostro raggio di ragionamento sulle parole chiave, per andare a coprire tutte le principali ricerche ed essere presenti in quelle che implicano parole chiave di vendita.

Stiamo parlando di parole chiave di vendita, perché aprirci a un lavoro di posizionamento su parole chiave generiche ci porta sì dei contatti… ma di che tipo?

## Il contatto ideale: in target e caldo

Se andiamo a posizionarci su parole chiave generiche, che non sono indirizzate ad un'azione, ad un acquisto, stiamo parlando di **parole chiave prestigiose**, che mirano ad aumentare l'autorevolezza e la posizione nei confronti della concorrenza.

### Qual è il rischio di queste parole?

Rischiamo di attirare diversi contatti che però non sono utili, nel senso che non hanno intenzione di acquistare in tempi brevi, non sono più di tanto consapevoli di avere un problema e/o dell'esistenza di una soluzione.

Sono contatti comunque buoni, ma che devono essere lavorati molto, scaldati, attraverso tanti materiali di marketing (video, contenuti come articoli, newsletter) e l'azione diretta di commerciali esperti, capaci di portare le persone a compiere un'azione.

**Non sempre abbiamo a disposizione tanti buoni contenuti di marketing con lo scopo di aumentare la consapevolezza dei contatti o venditori con le spalle larghe.**

Quindi rischiamo di attirare tanti contatti che ci fanno perdere tempo (sai come funziona… ogni momento del processo di vendita è piuttosto lungo e articolato) e di non arrivare a nulla di concreto, ad una vendita.

Questo ci porta a fare un ragionamento molto importante, che ti aiuterà a capire cosa stai cercando, cosa vuoi in questo momento e quindi, di conseguenza, che tipo di contatti vuoi attirare.

Arriviamo alla domanda cruciale:

**"Ti serve traffico o nuovi clienti?"**

Il traffico è il numero di visitatori che entrano nel tuo sito.

È un parametro che si basa sulla visibilità, sulla brand awareness… sulla circolazione e diffusione del tuo brand, della tua azienda. È una delle cosiddette metriche di **vanità**, ma merita comunque tutto il rispetto possibile, e infatti la approfondiremo nel capitolo 7.

Ora però possiamo dire con certezza che non stiamo cercando contatti che semplicemente finiscano sul tuo sito senza voler acquistare, senza aver consapevolmente bisogno di nulla.

Quello che serve ad un'azienda per crescere, per aumentare i profitti e allargarsi, assumendo più personale, diventando sempre più importante e forte... sono i clienti, le vendite.

Sono arrivato a questa consapevolezza grazie a tutti i clienti b2c che ho avuto all'inizio della mia carriera.

Persone che volevano conversioni, vendite, contatti trasformati in clienti paganti, in soldi sul conto aziendale.

E non hanno certo torto: i contatti migliori sono quelli che vogliono comprare, che hanno una necessità, un problema da risolvere.

## Quanti tipi di contatti caldi abbiamo?

I contatti caldi sono di 2 tipi, entrambi importanti.

### Sales qualified lead: contatti pronti ad acquistare

Sono i contatti più consapevoli e caldi, che stanno facendo una ricerca con lo scopo di comprare, con un'esigenza da soddisfare.

Sono quelli più facili da chiudere, non serve un venditore troppo esperto.

Quello che conta è farsi trovare da loro, comparendo tra i primi risultati di Google, e mostrare subito nel sito come essere contattati, senza troppe distrazioni e confusione che li faccia "scappare".

**Marketing qualified lead: contatti che hanno alzato la mano mostrando un tiepido interesse**

Sono contatti definiti appunto tiepidi. Hanno alzato la mano, hanno mostrato interesse nei confronti della tua azienda ma non sono ancora convinti, hanno bisogno di tempo e di un piccolo incoraggiamento per comprare.

Magari stanno facendo un breve giro tra gli altri siti della prima pagina di Google.

**Ricorda che non appari solo tu.**

La prima pagina è fatta di 10 risultati, dieci link che corrispondono a 10 aziende.

Probabilmente stanno valutando anche altre di queste 10 e quello che puoi fare è prendere il contatto e nutrirli con dei contenuti, per aumentare il loro interesse e fargli capire che sei tu la scelta perfetta per le loro esigenze.

**Cosa si fa in questo caso?**

Prendi il contatto chiedendo l'indirizzo e-mail per scaricare dei pdf informativi sul prodotto o sui servizi che offri.

Oppure gli dai la possibilità di iscriversi ad una newsletter, ma comunque stai agendo su un pubblico già interessato, che sta valutando l'acquisto ed è disposto a fare qualcosa di concreto (lasciare i dati) per saperne di più.

Non sono inconsapevoli, quindi non hanno bisogno di testi scritti in modo da portare alla vendita.

Hanno bisogno di avere più informazioni e capire che sei un'azienda solida, con un prodotto perfetto per loro.

Adesso che abbiamo capito che clienti vogliamo, facciamo un passo avanti.

**Ora ci serve solo capire come le persone ragionano durante la ricerca su Google.**

Le persone non cercano pensando a delle parole, ma a concetti e immagini.

Cercano di esprimere quello di cui hanno bisogno attraverso le parole e spesso si lasciano prendere per mano da Google, fidandosi della sua capacità di comprendere le loro esigenze.

**Per questo dobbiamo dare la giusta importanza sia al completamento automatico della barra di ricerca, sia alle ricerche correlate a fine pagina.**

Come dicevamo, fidandosi di Google, sapranno di trovare la risposta giusta per loro nella prima pagina di risultati.

Dieci link che risolveranno il loro problema.

## Quanto è importante essere nella prima pagina di Google?

Capisci che abbiamo già dato la risposta: è fondamentale.

Ti ritrovi di fronte a contatti caldi, che hanno un problema, una esigenza e stanno cercando attivamente per trovare una risposta soddisfacente.

Riuscire ad agganciare questi contatti è come essere in fiera, di fronte a visitatori che non vogliono altro che trovare il fornitore giusto per loro.

Se il tuo sito è posizionato nella quarta, quinta, decima pagina su una parola chiave importante, sarà come non esserci.

Questo per un motivo molto semplice.

## Qual è l'altro modo che hanno per trovarti, al di fuori di una ricerca Google?

Conoscerti già e digitare l'url del tuo sito direttamente: opzione molto improbabile. In questo caso sono già tuoi contatti, direttamente o meno.

Oppure incappare in una tua sponsorizzata, probabilmente sempre su Google.

Escludiamo i social perché stiamo parlando di ricerche effettuate per lavoro e direttamente sul posto di lavoro.

Quindi non andrai su Facebook o Instagram... magari su Linkedin, ma ne parleremo più avanti.

Rimanendo su Google, il tuo annuncio appare comunque a seguito di una ricerca.

**Sempre tutto basato sulle parole chiave... ma non sulla meritocrazia.**

C'è ancora una certa diffidenza sugli annunci.

Appaiono per primi, certo, ma non per un loro merito, non perché Google ha valutato che fossero la risposta perfetta per te.

Hanno pagato per essere in quella posizione: potrebbero essere davvero il meglio per la tua azienda... ma potrebbero anche non esserlo.

L'approccio nei loro confronti è più diffidente, freddo.

Non vengono scartati a prescindere, ma nemmeno scelti sulla fiducia.

Vedi, questi annunci funzionano bene sulle ricerche istintive, quelle che puntano a cliccare sulla prima cosa che appare, in maniera superficiale.

Qui, come abbiamo visto, si sta parlando di approfondite e calibrate ricerche che vengono fatte per lavoro.

Non c'è fretta né superficialità nella valutazione.

E c'è molta fiducia sull'indicizzazione fatta da Google, che ha valutato quali siano i siti più adatti alla tua richiesta e li ha messi in ordine di importanza.

**Quindi, detto questo, cosa significa apparire ai primi posti su Google?**

La percezione che ha chi fa una ricerca è quella di **pertinenza**: sei stato scelto da Google, che ha deciso che sei nei primi dieci siti più pertinenti alla ricerca.

Questo fa seguire una certa dose di autorevolezza: se sei stato messo lì, significa che sei importante, che meriti di occupare quella posizione.

**Google è molto democratico**: o paghi (annunci) o se sei lì è perchè lui ha deciso che meriti quel posto.

Questo fa percepire al potenziale cliente che sta facendo la ricerca, che sei un brand autorevole e meriti di essere in quella posizione.

Il fatto poi che tu sia lì per decisione di Google e non perchè hai aperto il portafoglio per farti pubblicità… è sempre un punto a favore.

Quindi, riepiloghiamo.

Un potenziale cliente, tecnico o commerciale, ha fatto una ricerca su Google e sei apparso tu, col tuo sito, nelle prime posizioni della prima pagina.

Lavoro finito? Tutti contenti?

No, è solo l'inizio.

Infatti, nel momento in cui cliccherà sul tuo sito, avrà inizio la sua esperienza direttamente con te.

Il primo impatto con l'home page del sito è fondamentale: deve capire subito di essere nel posto giusto.

Ci deve essere una corrispondenza, un *fil rouge*, tra la sua ricerca e la tua soluzione, perfetta per lui.

Questo gli darà sensazioni positive, lo tranquillizzerà e lo farà rimanere per navigare sul tuo sito.

Il fatto di capire di essere nel posto giusto e di approfondire, è davvero molto importante, perché Google lo ritiene un passaggio centrale per valutare la positività dell'esperienza dell'utente.

Infatti non vuole assolutamente fornire link poco utili e performanti ai suoi utenti.

Secondo i dati forniti sul Time[1] da Tony Hale, il 55% degli utenti abbandona un sito dopo meno di 15 secondi di permanenza.

1       https://time.com/12933/what-you-think-you-know-about-the-web-is-wrong/

Il modo migliore per alzare queste tempistiche, e trasformare un semplice contatto in un contatto utile, è quello di avere un sito diretto, facile, chiaro, che permetta a chi naviga di trovare le risposte alle sue domande, capire dove ti trovi, come contattarti e riconoscere subito cosa ti distingue dalla concorrenza.

Ecco, appunto. La concorrenza.

Cosa fanno i tuoi competitor nel mondo digitale del web?

## L'altra faccia della SEO: dove sono i tuoi concorrenti?

Una fase molto importante, che vedremo nel dettaglio, è quella dell'analisi dei competitor.

Sapere cosa fanno i tuoi concorrenti, come si presentano online, che parole chiave utilizzano… è fondamentale per trovare il tuo posizionamento, il tuo posto perfetto online.

Infatti, come dicevamo, i posti nella prima pagina sono solo 10.

Immagino che i tuoi concorrenti siano di più e, soprattutto, che tu non voglia essere il fanalino di coda, vedendo che appaiono tutti prima di te.

### Si meritano quella posizione?

Parlando di meritocrazia di Google, dobbiamo ragionare su quello che i tuoi concorrenti hanno fatto per posizionarsi prima di te nei risultati Google.

Hanno probabilmente lavorato per migliorare il sito, di modo che venga indicizzato bene da Google e che sia valutato come perfetto per le parole chiave scelte.

Ma meritano quel posto?

Se ci basiamo sul fatto che Google vuole dare una serie di risultati agli utenti in ordine di rilevanza e di utilità per la loro ricerca… è giusto che appaiano prima di te?

Non stiamo parlando di pubblicità.

Come sai, ci sono gli annunci, che appaiono in alto con la scritta "annuncio" ben visibile. Poi ci sono i risultati organici, valutati da Google molto rilevanti per la tua ricerca, in ordine di importanza.

**Tu sei meno importante dei tuoi concorrenti?**

Proprio perché non si tratta di pubblicità, non è una gara a chi paga di più, ma a chi merita di essere lì in alto.

Spesso questa analisi porta anche all'inserimento, nella lista scelta, di parole chiave più legate appunto al prestigio, per apparire sopra i concorrenti più diretti.

È una tecnica sensata, che non deve rubare spazio alle parole chiave legate alla vendita, ma che ha comunque un ruolo centrale nell'acquisire autorevolezza nel tuo settore e posizionarti prima degli altri nella mente dei tuoi clienti (come difesa dal fatto che possano cambiare fornitore) e dei potenziali clienti.

Vediamo un esempio concreto, un mio cliente che grazie alla SEO, ad un posizionamento studiato ad hoc per le sue esigenze, è entrato in contatto con clienti che altrimenti non avrebbe avuto modo di raggiungere.

## Il caso studio Blue Bag

Blue Bag è un'impresa specializzata nella realizzazione e vendita di articoli promozionali personalizzati per aziende (come chiavette usb, borracce, ecc... che spesso vengono distribuiti come gadget nelle fiere)

Operano in un settore con una fortissima concorrenza.

In soli **6 mesi**:
**+120**% di conversioni

Cosa abbiamo fatto per loro?

Abbiamo cercato di disarmare la concorrenza trovando un posizionamento perfetto, che non poteva facilmente essere replicato da nessuna grande piattaforma.

**La personalizzazione, il fatto di creare su misura.**

Ogni oggetto, zaino, borsone, qualsiasi cosa presente nel catalogo sul sito, è disponibile in tantissimi formati e dimensioni e viene personalizzato come desidera l'utente finale, con loghi, iniziali, qualsiasi cosa.

Questa dichiarazione e la scelta delle parole chiave corrispondenti, ha spostato Blue Bag dalla classica concorrenza, facendola uscire dalla tana dei leoni e creando la sua nicchia specifica.

Questo gli ha permesso di entrare in contatto, come loro stesso hanno dichiarato, con clienti che altrimenti non avrebbero potuto raggiungere, nè in fiera nè su riviste specializzate.

Si è partiti dalle macro categorie ("Zaini", "Borsoni", "Shopper", etc…) in associazione a keywords come "personalizzati", "promozionali", "personalizzabili", arrivando via via a coprire tutte le sottocategorie del catalogo con la stessa logica ("Zaini tempo libero", "Zaini richiudibili", "Zaini per bambini", etc…).

Si è dato poi risalto alle **testimonianze**, per abbattere tutte le reticenze e i dubbi.

In questo modo, analizzando l'azienda e i competitor si è capito il modo per differenziarsi, caratteristica che l'attività ha sempre avuto, ma che non ha mai comunicato in modo chiaro e diretto sul suo sito.

E purtroppo, se fai qualcosa ma non la comunichi chiaramente è come se tu non la facessi, perché nessuno può venirlo a sapere.

Ora che abbiamo sviscerato l'argomento dei contatti, ti lascio con alcune domande, che ti permetteranno di fare chiarezza nella tua situazione personale.

## 5 domande chiave per analizzare la tua situazione

### 1) Quanti contatti ricevi oggi dal sito web?

Questo dato è importante per fare una fotografia della tua situazione attuale e riuscire a costruire degli obiettivi realistici, che davvero si possono raggiungere in poco tempo.

Senza questo dato non saprai come stanno andando le cose, non avrai il controllo della situazione attuale, basata sul tuo sito, sulla sua progettazione.

### 2) Quanti contatti nuovi vorresti?

Altro dato importante per capire da che punto partire. Se,

in base alla risposta alla domanda precedente, ricevi un contatto nuovo al mese, pensare di riceverne 100 dopo poco tempo è poco realistico.

Non tiene conto di una serie di variabili fondamentali come il budget dedicato al lavoro e il tempo.

Queste prime due domande ti aiutano quindi a entrare nella specifica realtà della tua situazione e a farti un'idea di cosa ti puoi aspettare nel breve, medio e lungo termine.

### 3) Quanti contatti nuovi riusciresti a gestire?

Questa domanda può sembrare strana, ma serve per non rischiare di arrivare a tappo e non riuscire a gestire i contatti.

So che nel mondo b2b è difficile essere sommersi da potenziali clienti, ma ogni azienda si trova in una situazione specifica, diversa dalle altre.

Per questo è importante sapere esattamente quanti contatti sei in grado di gestire.

**I contatti caldi non devono rischiare di raffreddarsi.**

Avere un contatto caldo, pronto e bisognoso di acquistare, ti regala un grande vantaggio, che però può trasformarsi in un rischio se non viene gestito subito.

Un contatto caldo vuole arrivare al punto e anche se nel

b2b il processo d'acquisto è articolato e più lungo del b2c, questo non significa che un contatto caldo non richieda subito informazioni, preventivi... una serie di attenzioni che deve ricevere prima possibile.

Altrimenti rischi che si rivolga ad un concorrente, che magari ha più tempo o più personale da dedicargli.

Per evitare questo scenario e per non sprecare contatti utili, è importante capire prima quando si rischia di *andare a tappo*, di non riuscire più a gestire clienti.

Calcolare in anticipo questo numero ti aiuterà a non farti cogliere impreparato e a capire come gestire tutti i contatti nel modo migliore.

### 4) Le persone riescono a contattarti subito?

Questa è una domanda cruciale per non far scappare i contatti dal sito dopo pochissimi secondi.

Verifica se dalla tua home page si può facilmente capire dove si trova la tua azienda e come entrare in contatto con voi, sia per telefono che per e-mail.

È davvero un aspetto fondamentale per un lead caldo che vuole parlarti, vuole informazioni, preventivi, vuole acquistare e deve capire come fare nel minor tempo possibile.

### 5) Quanti contatti hai convertito in clienti?

So bene che non è facile rispondere a questa domanda.

Se non ne hai la minima idea non preoccuparti, è del tutto normale.

Però puoi iniziare a familiarizzare con questo dato, che sarà un punto di partenza fondamentale per capire se quello che stai facendo per il tuo posizionamento sta cambiando lo scenario attuale… se funziona.

Capire finora come è andata la conversione ti darà un metro di valutazione per tutto ciò che accadrà in futuro e ti permetterà di capire se la strada è quella corretta oppure no.

Quindi cerca di recuperare questo dato e non spaventarti se non ti piace quello che scopri.

Si può lavorare molto bene, cambiando anche solo poche cose, per far lievitare sempre più quel numero e ottenere nuovi clienti preziosi.

# Capitolo 5
# La tua prossima pubblicità non è una pubblicità

*La migliore pubblicità è un cliente soddisfatto.*
*(Philip Kotler)*

Ora entriamo nel magico mondo della pubblicità, cercando di capire cosa significa, i suoi più profondi intenti e come possiamo averne i benefici senza farla.

## Che cos'è la pubblicità?

Si tratta di mettere in mostra ciò che si vende, comunicandolo al mondo intero, a pagamento, e rivolgendosi ad una fetta di pubblico che si sentirà chiamata in causa dalla tipologia del messaggio promozionale.

Una frase molto vera recita che se fai qualcosa ma non lo comunichi, non lo fai sapere al mondo… è come se tu non la facessi.

Quindi è importante **comunicare** quello che si fa, la storia dell'azienda, dell'imprenditore, quello che l'ha portato a dar vita ad un prodotto/servizio unico nel suo genere, con determinate caratteristiche che lo posizionano in maniera ben precisa nel mercato.

Il punto focale è capire se si può comunicare senza fare pubblicità, senza pagare per diffondere questa informazione.

**Io stesso non sono mai stato un grande amante della pubblicità.**

Prima di tutto perché ero timido e non sapevo come approcciarmi a chi non mi conosceva, non avevo idea di come avrei dovuto muovermi.

E poi, come se non bastasse, avevo paura che facesse passare un **messaggio sbagliato**.

Sai quando si dice che qualcuno si dedica alla pubblicità perché ha bisogno, perché non ha un prodotto abbastanza valido da vendersi da solo?

Ecco, io avevo paura di sembrare in questa situazione, mentre pensavo di offrire un servizio importante, che meritasse di entrare in contatto con il target di riferimento, con le persone che avevano bisogno proprio di quello.

**Il fatto è che non è facile comunicare.**
Nemmeno per il b2c, intendiamoci.

Alla fine, se togliamo le barriere tra le due categorie, b2b e b2c, si tratta sempre di persone che vendono qualcosa ad altre persone.

Niente di più e niente di meno.

Il fattore che cambia le carte in tavola però è la possibilità di avere una vetrina.

Chi vende all'utente finale ha diverse possibilità di entrare in contatto con i potenziali clienti.

Può puntare ad acquisti d'impulso, senza alcuna necessità, ma mossi soltanto dalle emozioni, da un'offerta straordinaria.

**Nel b2b invece tutto segue delle procedure e nessuno acquista seguendo sentimenti, ma la logica, la razionalità, la necessità.**

Questo però non significa che chi si rivolge al mercato b2b non abbia bisogno di una vetrina, di un luogo dove mostrarsi ai suoi potenziali acquirenti.

**La SEO di Google è la tua vetrina, senza essere una pubblicità.**

Se ti posizioni in alto per le parole chiave corrette, mirate alla vendita, hai la certezza di essere visibile ai primi posti nelle ricerche Google con quelle parole.

Questo significa che un potenziale cliente che in maniera attiva ha fatto una ricerca si ritroverà davanti al tuo sito, alla tua vetrina.

Questo dettaglio è molto importante e fa la differenza rispetto alla pubblicità.

**Le persone che vedranno il link al tuo sito avranno fatto il primo passo.**

Pensa alle classiche pubblicità in televisione, alla radio, sul giornale, sui social… ovunque.

Tu stai guardando un film, sfogliando una rivista, girovagando su Facebook con lo scopo di passare il tuo tempo libero come preferisci.

A interrompere questo svago ci sono una serie di spot, di pubblicità, di sponsorizzate, che appaiono e che possono più o meno attirare la tua attenzione.

**Quando calamitano il tuo sguardo?**

Quando sono particolarmente ben fatte oppure quando vanno a colpire un tuo interesse, a toccare un tasto che ti fa sobbalzare, un nervo scoperto.

Magari un desiderio latente, un bisogno ancora sepolto nella tua mente.

In questo caso stai subendo la pubblicità, è una forma di comunicazione passiva, dove tu non hai fatto nulla, non hai compiuto nessuna azione.

Questa è una differenza importante, a maggior ragione nel mondo complesso del b2b.

**In questo universo parallelo le pubblicità passive servono a ben poco e in rarissimi casi.**

Ci sono pochi contatti caldi, utili e nulla li smuoverà dalla loro posizione finché non saranno spinti da una reale necessità di trovare un fornitore.

Tutto questo porta al dato monumentale che **un contatto Google vale minimo 3 contatti derivanti dai social**, proprio perché si tratta di una ricerca attiva e non il subire passivamente una pubblicità.

Certo, anche Google prevede Ads, la pubblicità, che appare in alto nella pagina dei risultati della ricerca a pagamento.

**Sembra molto più semplice che rispondere ai 200 criteri che utilizza Google per indicizzare i siti.**

Basta stabilire un budget e sapere che ogni click avrà un costo, sia che rimanga un click fine a se stesso, sia che si trasformi in una vendita.

In realtà è tutto tranne che semplice e soprattutto è piuttosto costoso, cosa che lo rende delicato da maneggiare.

Questo non significa che sia il male anzi, se ricordi lo abbiamo consigliato per comunicare la propria presenza in fiera.

Significa però che serve mettere in ordine diversi tasselli prima di avventurarsi in una pubblicità su Google con successo, ma ne parleremo meglio nel prossimo capitolo.

Torniamo al fatto che la SEO è la tua vetrina, la possibilità di apparire tra le ricerche più rilevanti per determinate parole chiave.

## Perché sembra tanto complesso gestire la SEO?

Ci basti pensare che, come abbiamo accennato prima, ci sono più di 200 fattori che vengono presi in considerazione dall'algoritmo di Google per decidere e organizzare i risultati delle sue pagine.

Le macro categorie che sovrastano questi fattori sono 9 e riguardano principalmente:

- il **dominio**: per esempio da quanto tempo è attivo, le parole chiave che contiene, chi lo registra e se è mai stato penalizzato da Google, per spam o altri "magheggi";

- le **caratteristiche delle pagine del sito**: la presenza delle parole chiave in vari punti dei contenuti delle pagine, la grammatica, la leggibilità e utilità del testo, la frequenza degli aggiornamenti;

- la **struttura del sito**: come è strutturato, se viene aggiornato, se ha una pagina di contatti, la presenza di recensioni...;

- troviamo poi **regole speciali di Google** come reclami di copyright, ricerche locali (la famosa scheda Google my Business);

- la presenza di link, i **collegamenti da siti attendibili**: questo è uno dei fattori più importanti;

- la **user experience**, la frequenza di rimbalzo, ovvero se le persone abbandonano dopo pochissimi secondi il tuo sito per Google allora non era rilevante, non corrispondeva alle loro richieste;

- la **reputazione del brand** e la sua presenza nel resto del web, sui social;

- tutte le varie **penalizzazioni** che un sito può aver ricevuto: un esempio sono le pubblicità invadenti, l'omissione di link affiliati;

- ci sono poi **ulteriori tipologie di penalizzazioni** come l'aver subito un attacco hacker, aver generato link falsi…

Insomma queste sono solo piccole gocce nel mare di tutti gli indicatori presi in considerazione da Google, per decidere qual è la tua posizione nella pagina dei risultati di una ricerca.

Si tratta di un mondo molto complesso, che richiede pazienza e costanza nel tempo per portare risultati sempre più performanti.

Ma le opportunità sono straordinarie.

**Si tratta della prima grande occasione di farsi pubblicità senza utilizzare una pubblicità.**

Cosa significa?

Farsi pubblicità è sempre un'operazione dichiarata, proprio perché prevede un pagamento e, di conseguenza, una trasparenza e una doverosa comunicazione.

Anche Google, come abbiamo detto, comunica che un link si trova in alto, in quanto pagato, scrivendo in grassetto "**Annuncio**" a fianco del sito.

La SEO, la presenza organica nelle pagine dei risultati, invece, è frutto di tutta la lunga analisi fatta da Google di cui abbiamo solo accennato prima.

Parlarne in maniera approfondita creerebbe solo confusione: la maggior parte dei 200 criteri di valutazione sono molto tecnici, specifici e poco utili per chi non si occupa di questo.

Quello che è importante è giocarsi nel migliore dei modi questa occasione.

E io lo so bene, grazie a quello che è successo al mio cliente b2c che vendeva biciclette.

Se ricordi, l'ho posizionato in maniera ottimale, ai primissimi posti, sulle parole chiave che mi aveva indicato… senza ottenere nemmeno un cliente.

Come mai?

Grazie a questi errori iniziali di valutazione mi sono reso conto che il semplice posizionamento non serve a molto.

Al massimo può generare traffico: una serie di visite al sito che possono far conoscere il brand, certo, ma non necessariamente in maniera positiva.

Sfatiamo infatti il mito:

**"Non importa che se ne parli bene o male, basta che se ne parli".**

Ecco, non è mai davvero positivo che se ne parli male.

Ancora di più nel mondo b2b, dove l'autorevolezza, l'affidabilità, la presenza di recensioni positive… sono una solida base che accorcia il complesso processo decisionale.

Per questo il semplice traffico che porta l'utente su un sito "vetrina" che non è navigabile, non fornisce informazioni utili, non permette facilmente un contatto… non serve a nulla.

Può solo rischiare di peggiorare l'esperienza dell'utente e farti penalizzare da Google, che abbasserà il tuo punteggio perché non sei risultato utile in troppe ricerche che ti hanno mostrato in alto nei risultati.

Vedi, Google può mettere in vetrina, in risalto, gratuitamente, senza alcuna pubblicità, il tuo sito.

Ma il tuo sito deve sfruttare questa opportunità, perché essere in bella vista può avere un rovescio della medaglia negativo e rischioso per la brand awareness.

Nel prossimo capitolo spiegheremo bene tutti i rischi della SEO e perchè ti sarà capitato più volte di sentir dire che non funziona, che non serve a nulla.

**Il problema è che è vero, hanno ragione.**

Non serve a nulla, non funziona, se non ha alle spalle una pianificazione precisa, studiata su misura, in base alle esigenze del settore e dell'azienda.

Una strategia ben precisa può far funzionare molto bene la SEO, portando contatti utili, che trovano nel sito le risposte che cercano, e si traducono in acquirenti, in clienti paganti.

**Questa strategia non è semplice da progettare.**

All'inizio ho fatto tanti tentativi, basandomi sulla pratica, sul testare diverse tipologie di iniziative.

Mi trovavo di fronte aziende molto diverse tra loro che, nonostante operassero praticamente tutte nel b2b, avevano esigenze del tutto differenti e realtà ben specifiche.

**La maggior parte di queste aziende aveva una lunga storia alle spalle.**

Una storia costruita con fatica, sacrifici, dedizione e la creazione di un prodotto/servizio di altissimo livello, in grado di rispondere alle esigenze dei clienti e di ottimizzarne il lavoro.

Il problema comune però era quello di non aver mai fatto molto per trasmettere tutto questo enorme bagaglio attraverso le piattaforme digitali.

Era un bellissimo mondo sommerso a cui però pochissime persone avevano accesso: chi lo aveva creato, chi ci lavorava e chi era già cliente.

**Come arrivavano nuovi contatti a queste aziende?**

Bella domanda.

Di solito tramite referral e joint venture.

**Le referral sono il classico passaparola**: ho questo fornitore con cui mi trovo molto bene e mi trovo a parlarne con altri imprenditori.

Si tratta di un buon modo di avere contatti caldi, già preparati attraverso la fiducia trasmessa dall'esperienza diretta di persone che conoscono bene.

Le **joint venture** sono accordi tra imprese, a livello nazionale e internazionale, con lo scopo di raggiungere un obiettivo prefissato comune.

In questo caso è piuttosto utile tra aziende che vendono prodotti o servizi complementari, che possono integrarsi e sposarsi alla perfezione. Così, si consigliano l'una ai contatti dell'altra, facilitando il lavoro ai buyer e creando una catena di fiducia e conoscenze.

Un altro modo per ottenere contatti sono le già decantate fiere: occasioni semestrali o annuali, che mettono in diretto contatto buyer e potenziali fornitori, mettendo a disposizione la tessitura di una fitta e proficua rete di contatti e relazioni.

Tutti questi contatti hanno poi l'obiettivo di sfociare in contratti, in fatturato e profitti.

Le occasioni però finivano molto spesso così.

**Mancava la possibilità di avere un flusso più costante e continuativo di nuovi contatti utili.**

Ma non solo.

Mettiamoci nei panni dei buyer che si trovavano nella necessità di cambiare fornitore o di trovare un nuovo contatto per rispondere ad una nuova e impellente necessità.

Avevano poche occasioni, da contare sulle dita di una mano, per entrare in contatto con un'azienda che fornisse loro ciò di cui avevano bisogno.

Per questo la ricerca online, sfruttando Google, era la soluzione perfetta.

**Veloce, affidabile, precisa: avrebbe indicato subito i siti più adatti e affidabili, valutati attentamente dal motore di ricerca più utilizzato e potente del mondo.**

Qui però le aziende che si rivolgevano alla nostra agenzia erano carenti.

Al massimo si presentavano con siti vetrina, poco strutturati, con poche pagine al loro interno e quasi solo contenuti tecnici, che però non spiegavano facilmente i benefici che avrebbero portato ai clienti e i loro elementi differenzianti, cosa le rendeva uniche rispetto alla concorrenza.

**Parlando con sempre più clienti, mi sono reso conto che dovevo aiutarli facendo un passo indietro.**

Fare un passo indietro significava non limitarsi più al lato tecnico, ma fare un'attenta e approfondita analisi preliminare della situazione dell'azienda, del target a cui si rivolgeva e della concorrenza, di come si muovevano i competitor.

Da questa analisi sarebbe poi scaturita una strategia, una serie di mosse che avrebbero portato ad ottenere risultati già in pochi mesi, prendendo per mano l'azienda e conducendola passo dopo passo verso la sua nuova presenza online.

Il tutto però senza stravolgimenti.

Molto spesso mi sono ritrovato in situazioni in cui avrei fatto prima a ripartire da zero.

Hai presente quando ricevi in eredità una casa da un lontano parente e ti ritrovi davanti un edificio mezzo crollato, pieno di difetti e problemi strutturali?

In quel caso il primo pensiero è:

*"faccio prima a demolire tutto e a ricostruire da zero. Mi costa meno che ristrutturare la casa già esistente".*

Ma non ho mai fatto una cosa del genere.

**Perchè il rispetto del lavoro pluriennale di queste aziende è alla base del mio lavoro.**

Per cui studiavo, insieme a loro, la strategia, definendo obiettivi e tempistiche e cercando di spiegare ogni passaggio nel modo più chiaro e comprensibile che potessi fare.

Ho studiato un modo per intervenire gradualmente, ma in maniera efficace e performante, sul loro sito, senza obbligarli a stravolgere tutto, a cambiare il loro modo di comunicare dall'oggi al domani.

**Così è nata la nuova SEO strategica.**

Il nuovo modo di vedere il posizionamento online su Google, arrivando con tutte le armi pronte e funzionanti, per trasformare i contatti che avevano cliccato sul sito in clienti, che avevano scelto di rimanere su quel sito e puntare sulla tua azienda invece dei concorrenti.

Ti mostro cosa succede attraverso un esempio pratico, un caso studio che seguo da molti anni, che ha visto evolversi il mio modo di lavorare, dal 2006 ad oggi.


## Il caso studio IQM Selezione

Questa azienda della mia zona, Milano, è una società di Ricerca e Formazione di personale altamente qualificato.

Il suo settore è altamente concorrenziale, anche a livello internazionale, e posizionare il sito su numerose parole chiave era una sfida.

Nel loro caso siamo partiti analizzando le keywords e, di conseguenza, lavorando per ottimizzare il sito, senza stravolgerlo del tutto.

Fare cambiamenti mirati è fondamentale per ottenere risultati in tempi brevi senza dover cambiare tutto il sito, con una mole di lavoro enorme e che richiede molto tempo, creando spesso anche disorientamento nei già clienti.

Una volta ottenuti i primi risultati hanno deciso, nel 2017, di avventurarsi in un completo restyling del sito.

Ora la loro homepage è molto pulita, non trovi un muro di testo che può mettere in difficoltà un utente che atterra da una ricerca Google.

Nella Homepage trovi:

- la **possibilità di trasformare un contatto Google in uno tuo**, grazie all'iscrizione alla newsletter che richiede di lasciare un dato importante, l'indirizzo e-mail, per iniziare una relazione che lavora per "istruire" il potenziale cliente, mostrandogli come tu hai la soluzione perfetta per risolvere il suo problema.

- **Si mette in leva un risultato ottenuto importante, che porta autorevolezza e credibilità**: di fianco al

2008

---

**La vetrina degli Ingegneri**
Ingegnere Ufficio Tecnico

Età 30 anni. Laurea in Ingegneria Civile. Ha maturato esperienza presso l'ufficio tecnico di una primaria realtà industriale. Mansioni svolte: redazione della documentazione.

**Talenti del mese**
Commerciale Trasporti Industriali

Età 46 anni. Laurea in Economia. È impiegata presso un'Azienda specializzata in Trasporti industriali, dove si occupa dello sviluppo di un portafoglio commerciale con le...

Al servizio di Aziende, Studi Professionali e Organizzazioni, IQM selezione offre ai propri clienti un pacchetto completo di servizi altamente personalizzati e studiati per integrarsi al meglio con la struttura organizzativa e i core values dei clienti.

2021

nome del brand vedi che il Sole24Ore ha segnalato questa azienda come una di quelle che nel 2020 è stata leader della crescita, triplicando il fatturato in 3 anni. Tutti i riconoscimenti esterni devono avere la giusta visibilità, perché ti permettono di abbattere le barriere della diffidenza e risaltare rispetto alla concorrenza.

- Viene evidenziata l'**unicità della soluzione offerta dall'azienda**, che così lavora per differenziarsi dai competitor.

- Si da valore alle **testimonianze positive** subito, evidenziando l'altissimo punteggio delle recensioni Google (4.8)

Questo esempio è importante perché questo sito, per arrivare alla veste che ha ora, ha richiesto molto tempo e una serie di modifiche progressive, per non stravolgere l'azienda e mandarla in confusione.

Non è semplice né scontato affrontare il modo in cui comunichiamo ai nostri potenziali clienti.

Si tratta di cesellare in maniera cauta e accorata ogni pagina del sito, andando a lavorare sulle parole chiave.

In tre anni hanno ottenuto:

**+40% di traffico dai motori di ricerca**

Ci siamo poi posizionati sui motori di ricerca con le **keywords principali di settore**, in modo da lavorare sull'autorevolezza e la notorietà del brand.

In questo modo aumentava il traffico, ma aumentavano anche le conversioni, perchè il sito catturava l'attenzione e portava ad un contatto, ad una vendita diretta.

Il restyling del sito in ottica user-friendly è stato pensato per migliorare l'esperienza dell'utente ed incrementare le vendite online.

Quando mi trovo di fronte tantissima scelta, sono spesso confuso, faccio fatica ad orientarmi e a capire qual è la scelta più adatta a me.

Ancora peggio se mi sto muovendo su un sito che non conosco.

Questa confusione può spingere ad abbandonare momentaneamente il sito per cercare altrove, o per capire meglio cosa acquistare.

Ma quando un utente esce dal sito la probabilità che ritorni è molto bassa.

Ti ricordi sempre tutti i siti che hai visitato in un giorno?

In media **trascorriamo online 6 ore al giorno**… è impossibile ricordare ogni sito su cui siamo finiti.

Se pensi a quanta pubblicità ci bombarda tra social, televisione… la fiducia nei confronti di Google è data dall'aderenza delle risposte con la nostra domanda.

Troviamo quello che cerchiamo… e in pochissimi secondi.

Ma non solo noi: **oltre il 64% del traffico verso siti b2b proviene dalla ricerca organica**.

Non lasciamo per strada, ad altri concorrenti, tutti questi potenziali clienti.

Hai la grande occasione di mostrare la tua azienda, quello che i tuoi prodotti e servizi possono offrire, a chi li sta semplicemente cercando.

E di soddisfare le loro esigenze, dando vita a clienti felici, vedendo crescere la tua attività.

# Capitolo 6
# Perché la SEO spesso non funziona?

*Nella SEO ognuno ha la sua opinione, ma alla fine dei conti sono i dati che vincono su ogni discussione*
*(Larry Kim)*

Abbiamo visto il ruolo prezioso che può avere la SEO, il posizionamento su Google.

Ma devi sapere che non è tutto oro quello che luccica.

Tutte le difficoltà che ho incontrato negli anni, mentre Google si aggiornava e cambiava continuamente, sono state pietre miliari che oggi contribuiscono a rendere efficace la mia strategia.

**Il fatto è che non è per nulla semplice.**

Google infatti tende a preferire chi vuole pagarlo (dagli torto…) quindi, se fosse per lui, metterebbe solo annunci nella prima pagina.

Ovviamente questo non gli è permesso proprio perché deve essere un territorio neutrale, che restituisce i risultati più utili per l'esperienza dell'utente… altrimenti questo utente si dirigerebbe altrove, verso altri motori di ricerca.

Pensa a quando chiedi un consiglio in un negozio.

Magari ti stai provando una camicia o stai scegliendo un regalo.

È normale chiedere un'opinione, un parere altrui.

**Ti sembrerà più disinteressato quello della commessa o di un altro cliente presente in negozio?**

Quello del cliente, ed è una cosa del tutto naturale e ovvia: la commessa lavora lì, ha come obiettivo quello di vendere.

Certo che avrà a cuore la tua soddisfazione, ma non penserai mai che la sua opinione è del tutto disinteressata.

Mentre l'altro cliente è nella tua stessa situazione.

Non ha alcun interesse a mentirti e a darti un consiglio pilotato.

Per questo Google non ha scelta: deve dare il giusto spazio ai risultati organici, che rappresentano la qualità, le risposte che gli utenti stanno cercando.

Questa attenzione sempre più maniacale nei confronti dell'esperienza di chi fa una ricerca, porta a penalizzazioni in caso di tentativi di aggirare i parametri imposti da Google.

Questo è uno dei motivi per cui è importante assicurarsi di avere un sito *user friendly*, che permetta una navigazione semplice e piacevole.

Così l'utente non scapperà dopo pochi secondi, dando così un feedback negativo al motore di ricerca.

Ma non è l'unico motivo per cui non dobbiamo far scappare i contatti.

**Il b2b è un settore di nicchia, dove serve essere come dei cecchini, pronti a intercettare un contatto utile e a non farlo andare via.**

Abbiamo a disposizione meno contatti rispetto all'universo b2c, ma con una maggiore qualità, una reale predisposizione all'acquisto.

L'obiettivo principale è essere in alto nelle parole chiave più importanti, orientate alla vendita.

Quella è la parte visibile, immediata del lavoro.

Da sola però non basta, non può portare risultati, ma solo **traffico**, visite che devono poi però potersi trasformare in vendite, altrimenti non avrai veri vantaggi per la tua azienda, per la sua crescita.

Ci tengo molto a dare la giusta importanza a questo passaggio, perché ti tiene alla larga da obiettivi poco concreti, fumosi.

**Per avere risultati devono esserci obiettivi precisi, scanditi da tempistiche realistiche, che vanno rispettate.**

Un primo ostacolo che possiamo incontrare quando cerchiamo di posizionarci in alto, è la **scelta delle parole chiave**.

Un modo oggettivo per individuarle, senza basarci solo sulle competenze tecniche, sulle parole più comuni per la tua attività, è quello di fare un'analisi di quello che sta funzionando in questo momento.

Un'attenta analisi delle ricerche, delle parole chiave più diffuse nel settore, si può fare attraverso i competitor e grazie a strumenti, tools, disponibili online.

Da questa analisi devono essere estratte le parole chiave più adatte alla vendita, a cui va aggiunto un pizzico di generico, per andare incontro alle richieste **semi-consapevoli**.

Queste ricerche portano contatti meno caldi, ma comunque interessanti, che si possono coltivare con la comunicazione.

Avendo a disposizione una quantità ridotta di contatti, meglio cercare di attirare l'attenzione di tutti quelli che stanno facendo una ricerca attiva, dimostrando di avere una necessità, un interesse.

L'importante per non rimanere imprigionati nella rete dei contatti inutili è non puntare al traffico, ovvero a ricevere tante visite e basta, come numero che va solo ad alimentare una brand awareness non sostenuta dai fatti.

**La brand awareness non è sbagliata.**

Ha un senso ben preciso però solo se viene inserita in un programma più ampio, dove serve ad accrescere la tua autorevolezza e la tua reputazione.

Quello che conta è non prenderla come dato a se stante, come obiettivo finale.

L'obiettivo che tutti devono avere in mente è l'acquisizione di contatti caldi, utili, che sono portati all'acquisto, a trovare quello che cercano: un fornitore.

Approfondiamo un attimo questo punto.

Torniamo a chi sta facendo la ricerca.

Abbiamo visto che chi fa ricerca nel b2b può essere un tecnico, direttamente un manager o l'imprenditore oppure un buyer, che ha il compito di selezionare e gestire i fornitori.

**Queste figure sono professionisti, si tratta di persone che stanno lavorando e che vengono pagate per fare questa ricerca nel migliore dei modi.**

Questo significa che non stanno navigando su internet per perdere tempo, ma perchè stanno realmente cercando qualcosa, hanno davvero un bisogno da soddisfare.

Considerando che il b2b non viene praticamente mai invaso da migliaia e migliaia di contatti, è fondamentale intercettare chi sta facendo queste ricerche, apparendo ai primi posti.

**Questa è la punta dell'iceberg, la SEO tradizionale.**

Se ci limitiamo a questo lavoro otteniamo del traffico di contatti caldi.

Questo traffico va trasformato in clienti grazie al sito, a come viene strutturato, a come *vende* la tua azienda.

Questa attività di restyling del sito può essere molto invasiva e richiedere cambiamenti importanti e che possono spaventare.

**Per questo ho studiato un modo per sfruttare la regola dell'80/20.**

Si tratta del *principio di Pareto* secondo il quale il 20% delle cause provoca l'80% degli effetti.

**In questo caso, il 20% delle modifiche strategiche al sito porterà all'80% dei nuovi contatti utili.**

Come facciamo ad applicare questa regola?

Studiamo il sito specifico del cliente e individuiamo quel 20% che, se modificato correttamente, porterà ad un miglioramento dei risultati dell'80%.

**In questo modo non si stravolge tutto il lavoro preesistente e non si abbandona il sito al suo destino.**

Normalmente si vede solo il risultato del posizionamento, il fatto di apparire in alto nelle pagine di Google, ma sotto si nasconde una montagna enorme di lavoro sui contenuti del sito, sui link esterni.

I risultati sono visibili già nei primi mesi, ma non dopo un paio di giorni, perché richiedono un lavoro dietro le quinte.

**Anche perché tentare una scalata troppo veloce è molto pericoloso.**

Salire molto velocemente nelle pagine e nelle posizioni dei risultati di Google… è possibile.

Google, come abbiamo detto, tiene molto ai suoi inserzionisti paganti e sa che per mantenerli attivi ha bisogno di essere affidabile per un ampio bacino di utenti.

Per questo si è organizzato per assegnare un punteggio qualitativo a ciascun sito presente nel web.

Attraverso questo punteggio prende forma di volta in volta la classifica e si decide chi sarà nelle prime posizioni o nelle pagine successive.

Per darti un'idea di quanta importanza ha questo tipo di valutazione, ti dico solo che esiste un intero dipartimento Google che si occupa solo di controllare che non ci siano "furbetti", tentativi di spam e di aggirare le regole.

In questi Team anti Spam si valutano i siti meritevoli separandoli da quelli non meritevoli.

Ogni anno si aggiornano sempre i parametri di valutazione, che vengono continuamente perfezionati, affinando le tecniche per individuare più velocemente e facilmente i siti di basso profilo, che vogliono apparire meritevoli.

Questi siti si creano una facciata, un'apparenza di struttura, di autorevolezza, nascondendo dietro a questo sottile velo il nulla più totale e risultando quindi ben poco utili a chi svolge una ricerca.

Uno dei parametri più importanti, che incide molto sulla popolarità nei motori di ricerca, è la Link Popularity.

Si tratta di costruire link esterni che rimandino al proprio sito web, ancor meglio se derivanti da siti autorevoli e affidabili.

Se questi siti così importanti decidono di rimandare i loro utenti al link di un altro sito…

… allora significa che questo sito è altrettanto autorevole e affidabile.

Questa Link Popularity influisce fino al 90%, in alcuni casi, sulla visibilità che acquisisce un sito e per questo viene presa di mira da chi vuole aggirare le regole e spingere il sito in questione molto velocemente.

**Salire molto in fretta è sempre pericoloso.**

Pensa a chi decide di scalare oltre i 3.000 metri.

Più saliamo più diminuisce l'ossigeno e questo richiede al nostro corpo di adattarsi al cambiamento, per non avere brutte sorprese e rischiare grosso.

L'acclimatamento è l'esercizio che permette all'organismo di adattarsi alla minor quantità di ossigeno.

Ci vuole molta pazienza e costanza per allenare in corpo a questi piccoli e progressivi cambiamenti.

Solo in questo modo si avrà la possibilità di fare una scalata in sicurezza e poter arrivare alla vetta, godendosi il panorama mozzafiato.

Lo stesso vale per la scalata nei risultati offerti da Google.

Ci vuole impegno e costanza per salire in sicurezza, evitando penalizzazioni gravi, che possono anche schiacciarti in basso definitivamente, con tutte le conseguenze che comporta.

Una salita sana, progressiva, ti permetterà di raggiungere il tuo obiettivo, arrivare in alto, superare i competitor e goderti finalmente il panorama… e tutti i contatti utili che arriveranno.

Una salita rapida non avrà mai dei benefici a lungo termine perché prima o poi Google se ne accorgerà, e verrai penalizzato.

**Ci sono però diversi tipi di penalizzazioni.**

Le penalizzazioni di solito portano a conseguenze ben peggiori della perdita di qualche posizione.

I siti penalizzati scendono spesso anche di decine e decine di posizioni da un giorno all'altro.

Vediamo qualche esempio.

## La penalizzazione da spam puro

È una delle più severe, che arriva a farti rimuovere del tutto dagli indici Google.

Quando ci colpisce?

Quando vengono creati centinaia di link di bassa qualità, quando c'è un aumento eccessivo della densità di parole chiave in un testo… in pratica quando il sito, per l'utente, è del tutto inutilizzabile.

Praticamente non c'è quasi niente che si può salvare.

Sono siti che di solito nascono già con l'obiettivo di acquisire molti contatti in poco tempo, senza pensare e programmare una longevità della pagina e del progetto.

**Per questo bisogna fare attenzione anche all'altro lato della medaglia della Link Popularity.**

Finora ne abbiamo parlato perchè essere linkati da siti importanti, autorevoli è molto utile per guadagnare posizioni su Google.

Ma bisogna prestare molta attenzione quando è il tuo sito a linkare all'esterno, verso un altro sito.

Se offri dei link privi di qualità anche tu ne pagherai le conseguenze.

Stai tu, in questo caso, suggerendo ai tuoi utenti di visitare un altro sito, lo stai consigliando.

Fai sempre attenzione a chi stai segnalando: non linkare siti penalizzati, siti di spam... perché di riflesso verrai penalizzato a tua volta.

E qui entriamo in un discorso importante e delicato.

Presta molta attenzione, se ti affidi a professionisti o ad agenzie, al fatto che producano link artificiali per migliorare la tua posizione.

È fondamentale che, nel mucchio, non vengano per errore linkati (o viceversa, essere linkati da loro) siti di scarsa qualità o penalizzati.

Questo purtroppo può avvenire quando si vendono o scambiano i link.

Si tratta di operazioni molto rischiose e da evitare, perché la penalizzazione è inevitabile... e le conseguenze saranno ben peggiori rispetto ad una ascesa più lenta.

Infatti vengono rimossi tutti questi link segnalati e poi inizia una lunga procedura in cui bisogna dimostrare la propria buona fede…

… Insomma è lungo, complesso e intanto ne stai pagando le conseguenze e stai perdendo un sacco di potenziali clienti nuovi.

**Non bisogna però attribuire ogni minima oscillazione ad un'eventuale penalizzazione.**

Infatti non si ha mai la garanzia di mantenere la stessa posizione.

Infatti anche se il tuo sito mantiene sempre lo stesso punteggio, non è detto che mantenga anche la stessa posizione.

Infatti se un altro sito aumenta il suo punteggio arrivando a superarti, si prenderà la tua posizione e salirà finchè non incontrerà un sito con un punteggio più alto.

**Il posizionamento è ondulatorio e richiede un monitoraggio continuo e un lavoro di mantenimento.**

Il vero motivo per cui spesso non siamo nella stessa posizione da un giorno all'altro, non è una penalizzazione, ma il naturale moto ondulatorio di Google.

Quello che si dice, che la SEO non è semplice da controllare, è vero.

Infatti, proprio come tu stai migliorando aspetti del tuo sito per risalire e recuperare posizioni… altre aziende stanno facendo la stessa cosa.

Questo però non significa decidere che il posizionamento SEO non porta benefici.

Significa prendere consapevolezza che si tratta di una strada tortuosa ma in grado di premiare chi merita di essere nelle prime posizioni.

Ci vuole un impegno davvero costante, continuativo, ma porta risultati reali, vendite… senza fare alcuna pubblicità.

Per questo è importante sia non smettere mai di migliorare il sito, di nutrirlo e farlo crescere… sia monitorare periodicamente l'attività, la propria posizione.

Non dobbiamo mai sentirci arrivati.

Bisogna sempre lavorare per migliorare il proprio sito ma non solo… c'è un'altra arma importante.

## Il ruolo poco conosciuto della scheda Google my business

Mi è capitato molte volte di avere clienti che neppure avevano riscattato la loro scheda Google.

Il rischio è che altre persone disoneste lo facciano al posto tuo, creando danni non da poco, facendo modifiche errate, comunicando, ad esempio, che sei chiuso definitivamente.

Si tratta di danni d'immagine molto pesanti e difficili da risolvere.

**Ma non è il solo motivo che dovrebbe spingerti a rivendicarla.**

Si tratta di uno strumento molto sottovalutato che contribuisce a dare credibilità alla tua azienda, a dimostrare con foto, video che cosa fai e come, facendolo vedere a chi ancora non ha incontrato il tuo sito e mostrando le recensioni, arma potentissima per essere la prima scelta dei potenziali clienti.

Ti anticipo che nel capitolo 8, dove troverai suggerimenti reali e semplici da mettere in pratica per migliorare il tuo sito e catturare contatti utili, parleremo anche del ruolo di questa scheda e di come sfruttarla al meglio.

Un altro fattore che non permette di sfruttare al meglio il posizionamento SEO è il posizionamento della tua azienda.

### Google ti posiziona… ma tu dove ti posizioni nel mercato?

Anche se arriviamo a svettare nelle primissime posizioni per le parole chiave più rilevanti… non siamo soli in quella fantomatica prima pagina.

Il fatto che per l'utente si tratta di una ricerca professionale, fatta per lavoro, avrà la conseguenza che la ricerca sarà fatta su più parole chiave e porterà alla visita di più di un sito.

Qui entrano in gioco delle dinamiche più importanti di quanto possa sembrare, che hanno il potere di convertire questo contatto caldo in una vendita.

Normalmente un tecnico esperto di SEO si ferma. Ti ha posizionato, ha fatto egregiamente il suo lavoro.

Ti ha portato visitatori al sito web.

Ora la palla passa a te.

Il tuo sito deve catturare l'attenzione dell'utente e portarlo a capire che tu sei la scelta giusta per lui.

Avendo deciso che il mio obiettivo non era portare contatti, ma vendite, conversioni… non mi sono mai fermato qui.

Seguendo la regola 80/20 ho sempre individuato le prime migliorie da apportare al sito, non solo per salire di posizioni, ma anche per vendersi bene al potenziale cliente.

Quello che è importante, in questa fase, è capire cosa ti rende unico, cosa puoi offrire solo tu al cliente.

**Perchè una persona dovrebbe comprare da te piuttosto che scegliere la concorrenza?**

Questa è una domanda fondamentale per capire cosa dobbiamo comunicare subito nel tuo sito.

Già nella homepage chi ti visita deve poter vedere chiaramente quali benefici riceverà dal tuo prodotto o servizio e in cosa ti differenzi dalla concorrenza.

Questo ti metterà in una posizione di rilievo rispetto ai classici siti istituzionali che non comunicano nulla, non danno il giusto rilievo alle potenzialità che hanno.

In questo modo il contatto caldo può trovarsi di fronte esattamente quello che sta cercando, e quindi accorciare il processo decisionale… oppure può non trovare nessuna comunicazione particolare e voler chiedere informazioni aggiuntive.

Attenzione però: sta compiendo una seconda azione.

Prima ha fatto una ricerca attiva su Google, ha trovato il tuo sito in alto, ha cliccato, non ha però visto subito le informazioni principali, quelle decisive di cui aveva bisogno.

**Ora ha due possibilità.**

Cercare di contattarti per avere più informazioni o scaricare del materiale informativo, come cataloghi o schede prodotto.

E questo prevede che abbia comunque trovato un minimo di interesse nel sito, tanto da essere spinto a compiere una seconda azione: contattarti via mail per avere informazioni o scaricare il materiale direttamente dal sito.

In questo modo diventa un marketing qualified lead, ovvero un contatto caldo, predisposto, non ancora pronto per acquistare.

La seconda possibilità è purtroppo frequente: non ha notato nulla di straordinario nel sito e quindi non lo snobba del tutto, non scappa dopo pochi secondi.

Cosa positiva.

Ma non è abbastanza interessato e colpito da compiere un'azione.

Preferisce fare un giro in altri siti proposti nella prima pagina.

Il rischio è che qualcuno, ne basta anche uno soltanto, sia più strutturato, abbia comunicato meglio.

Attenzione.

Questo non significa che sia migliore di te.

Non significa che proponga prodotti o servizi di qualità maggiore o più adatti alle esigenze del potenziale cliente.

Significa solo che ha saputo proporsi meglio, vendersi meglio attraverso le pagine del suo sito.

**In questo caso è un duplice "peccato".**

Primo perché rischi di perdere un contatto utile, predisposto all'acquisto, che nel mare dei risultati simili tra loro, ha scelto di approfondire quello più accattivante.

Secondo perché lui stesso, il potenziale cliente, ha perso l'occasione di scegliere il tuo prodotto, che magari era la scelta migliore per lui.

Avrebbe aiutato la sua azienda a lavorare meglio, in maniera più performante… avrebbero trovato un fornitore prezioso, puntuale, leale.

Non che per forza siano capitati male, ci mancherebbe.

Ma proprio perché ognuno di noi è diverso, è giusto che riesca ad esprimere le proprie potenzialità, così che i contatti possano scegliere davvero l'opzione più adatta a loro, in modo del tutto consapevole.

Ma vediamo un lavoro concreto, un nostro cliente che ha iniziato, oltre a posizionarsi, a lavorare su quel 20% del suo sito, per trasmettere a tutti i visitatori le informazioni principali, la sua storia unica.

Sì, tutti abbiamo una storia unica.

Può sembrare strano, potrai credere di essere come tutti gli altri… ma non è così.

Tutti abbiamo vissuto un percorso unico, che ci ha portati a diventare quello che siamo, a lavorare in un modo specifico, caratteristico… ma le altre persone non possono saperlo, se non glielo raccontiamo!

**Il caso studio: Esperis, materie prime per il mondo della cosmesi**

Prendi come esempio questo cliente.

Un anno fa si è rivolto a noi perché si trovava a navigare in un mondo mare pieno di concorrenti.

Il **settore cosmetico** è certamente uno tra i più competitivi perché, oltre alle aziende che si occupano della vendita di prodotti al dettaglio, comprende anche moltissime **aziende b2b** che si occupano della **produzione delle materie prime** necessarie: come nel caso di Esperis.

**Come abbiamo fatto a fargli ottenere 418 nuovi contatti utili in un anno?**

Non abbiamo lavorato solo sul posizionamento.

Abbiamo cercato di capire cosa aveva di unico da offrire ai suoi clienti.

A differenza di molte aziende che si limitano a rivendere prodotti di terze parti, **Esperis è anche produttore** dei propri oli essenziali, estratti vegetali e fragranze.

Per questo l'azienda non è solo fornitore, ma vero e proprio **partner e punto di riferimento** dei propri clienti.

In un solo anno di intenso lavoro, grazie a una strategia su misura focalizzata sul digital marketing B2B per il settore cosmetico, Esperis ha registrato:

**+ 93%** di traffico organico a livello nazionale
**+ 61%** di traffico organico dall'estero

La sfida principale del progetto è stata quella di superare
la concorrenza in Italia e all'estero, soprattutto nell'ottenere **nuovi contatti per la vendita**, aumentando al tempo
stesso la brand awareness di Esperis, improntata su prodotti di qualità e rispetto dell'ambiente.

Abbiamo fatto **un restyling progressivo**, passo dopo
passo, del sito.

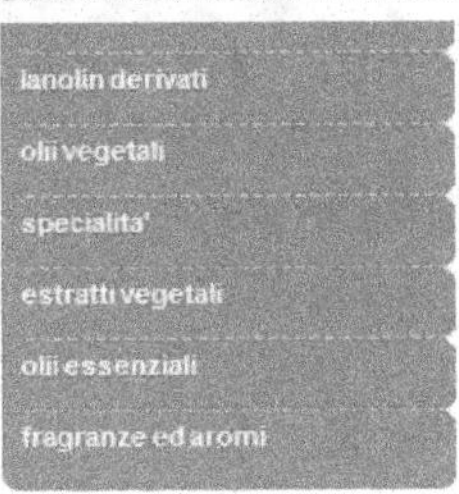

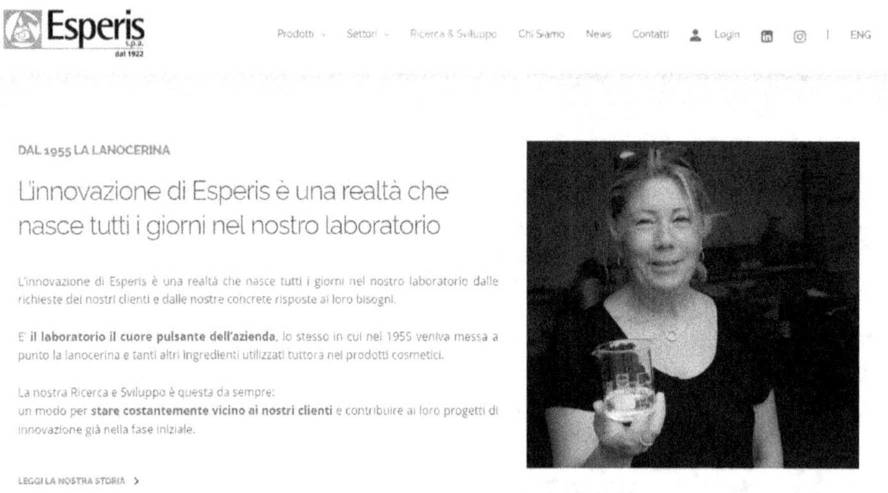
Esperis
s.p.a.
dal 1922
Prodotti
Settori
Ricerca & Sviluppo
Chi Siamo
News
Contatti
Login
ENG
DAL 1955 LA LANOCERINA
L'innovazione di Esperis è una realtà che nasce tutti i giorni nel nostro laboratorio
L'innovazione di Esperis è una realtà che nasce tutti i giorni nel nostro laboratorio dalle richieste dei nostri clienti e dalle nostre concrete risposte ai loro bisogni.
E' il laboratorio il cuore pulsante dell'azienda, lo stesso in cui nel 1955 veniva messa a punto la lanocerina e tanti altri ingredienti utilizzati tuttora nei prodotti cosmetici.
La nostra Ricerca e Sviluppo è questa da sempre:
un modo per stare costantemente vicino ai nostri clienti e contribuire ai loro progetti di innovazione già nella fase iniziale.
LEGGI LA NOSTRA STORIA

*A pagina 135 il sito del 2011, a pagina 136 il sito del 2021*

Abbiamo creato un sito chiaro e riconoscibile, ma soprattutto **facile da navigare per il cliente**.

Il sito è stato ovviamente ottimizzato per la navigazione da mobile e da tablet, e l'applicazione delle corrette **call to action** è stata basilare per ottimizzare il tasso di conversione.

Le call to action sono i pulsanti che chiamano a compiere un'azione, creando un contatto diretto o portando ad approfondire un argomento, addentrandosi ad esplorare tutte le pagine del sito.

La **strategia di digital marketing**, che aveva il chiaro duplice obiettivo di aumentare la visibilità di Esperis e trovare nuovi clienti online, è quindi proseguita attraverso **l'ottimizzazione SEO bilingue del sito** (in italiano e inglese) in Italia e all'estero.

Questa delicata fase ha previsto sia interventi tecnici, con un'accurata **revisione delle keywords** di ogni pagina, sia interventi di creazione di **contenuti**, attraverso una riscrittura in chiave SEO.

Il sito risulta adesso di **facile lettura** e completamente **Google Friendly**: è in prima pagina su Google Italia per parole chiave top come "materie prime cosmetiche", "materie prime per profumi", produttori oli essenziali", etc... e su **Google UK** con "cosmetic raw material wholesalers", "natural cosmetics raw materials", etc...

Quello che vedi trasparire anche sono dall'homepage, è l'autorevolezza data dalla grande esperienza: dal 1922 questa azienda opera nel suo settore.

Ma non solo.

Se ti soffermi un attimo a guardare il video in homepage, noterai una serie di scritte, che trasmettono dei messaggi, delle garanzie.

Indicano l'attenzione continua all'innovazione, agli ultimi ritrovati tecnologici, le consegne tempestive, prodotti sempre disponibili a magazzino.

Anche solo nella prima pagina che gli appare, l'utente trova tutte le principali informazioni che posizioneranno nella sua mente questa azienda come affidabile, autorevole, competente, precisa, puntuale...

Precisiamo però un punto.

## Il comandamento principale: la coerenza

C'è un punto molto importante che non va dato per scontato. Non inseriamo tutti i messaggi a caso, in ogni sito.

Sarebbe facile, no?

Tutti bravi, tutti con anni e anni alle spalle di esperienza. Tutti precisi, puntuali, traboccanti onestà.

Non funziona così: noi inseriamo solo contenuti veri, che corrispondano a quello che l'utente troverà quando entrerà realmente in contatto con quella azienda.

Per due motivi molto semplici.

**Il primo è l'onestà verso le persone.**

Un potenziale cliente, un buyer che naviga su un sito lavorato da me o dai miei collaboratori, non dovrà mai trovare informazioni false scritte da noi. Avrà sempre dati reali, che troveranno una solida corrispondenza nella realtà.

Troverà un'azienda davvero solida, con cui potrà instaurare relazioni commerciali durature e proficue per entrambi.

**Il secondo motivo è la lealtà.**

Se un'azienda si affida a me, può dirmi tutto, in maniera molto onesta.

Se ha voglia di crescere, di avere più clienti... sicuramente lo merita e ne ha le capacità.

È mai capitato il contrario?

Per fortuna molto raramente ma, in quel caso, il rapporto finisce subito dopo la prima chiacchierata conoscitiva.

Lo scopo della prima consulenza è quello di capire se ci sono le caratteristiche per attuare la regola 80/20, ma non solo.

Prima di iniziare una collaborazione, devo essere sicuro di poter essere realmente utile.

Se, per la mia esperienza, questa azienda non ha le carte in regola, in questo momento, per iniziare questo percorso, sono il primo a staccarmi, a non voler continuare.

Questa è lealtà nei confronti della mia attività, dei miei collaboratori, che dovranno lavorare su queste aziende, al loro fianco, sia nei confronti dei miei potenziali clienti.

Se non posso aiutarli non farò mai false promesse.

Esattamente come loro non le faranno mai agli utenti nel web.

# Capitolo 7
# A cosa serve "esistere" online?



Le esigenze di dichiarare la propria esistenza online derivano dalla sempre maggior presenza di un mercato globale.

Siamo tutti più vicini, letteralmente a portata di click e questo rappresenta sia un'occasione che un pericolo.

Qualsiasi azienda può cercare potenziali clienti anche nei mercati esteri, con la possibilità di ampliare in modo esponenziale il proprio fatturato.

Per fare questo però è fondamentale avere una strategia ben precisa alle spalle, che trasferisca online l'autorevolezza e la forza di un'azienda.

**L'evoluzione del mondo digitale anche per le aziende b2b**

Le aziende hanno sempre più bisogno di risparmiare tempo, scoprire nuovi fornitori affidabili, consultare contenuti, informazioni, prezzi, fare ordini e ricevere assistenza in qualsiasi momento della giornata.

Tutto questo condito da servizi di consegna sempre più rapidi e organizzati.

Il mondo corre sempre più veloce e l'ottimizzazione dei reparti e delle funzionalità aziendali cerca di stare al passo, di correre a sua volta.

## Il tuo sito web deve poter incontrare i clienti prima di te

Nel terzo capitolo abbiamo visto che il 67% dei buyer arriva alle fiere già pronto, con tutta una serie di informazioni prese online.

Questo gli ha permesso di crearsi già una sua personale classifica, un po' come fa Google.

In base alle informazioni raccolte, stila una graduatoria di interesse e spesso questa graduatoria decide quali sono gli stand da visitare prima.

Il rischio che non arrivino mai al tuo stand, se si trova nella zona bassa di quella classifica, è piuttosto alto.

Ci sono in mezzo aziende che si sono presentate bene online, sul sito, sui social, che hanno "marcato il territorio" digitale costruendo la loro brand awareness.

Abbiamo nominato più volte questo concetto finora.

Direi che è arrivato il momento di approfondirlo.

**A cosa serve la brand awareness?**

Vediamo intanto cosa significa.

La brand awareness rispecchia la notorietà del tuo brand, della tua azienda.

È il modo in cui gli altri ti vedono, quello che percepiscono del tuo prodotto/servizio, di chi sei, di come si muove la tua azienda.

Non serve a vendere, questo lo abbiamo capito.

Ma non è del tutto inutile, per diversi motivi.

**Come dicevamo, essere online al giorno d'oggi significa esistere.**

Le persone, con un paio di click, possono cercarti sul web e capire quanto materiale c'è che parla di te, che trasmette i tuoi valori aziendali, che racconta la tua storia.

**La presenza online non viene trasmessa solo dal sito internet.**

Ci sono i social, gli articoli in cui puoi essere intervenuto, le recensioni.

Vediamo prima il discorso social.

Avere una pagina sui social, come Linkedin, Facebook, Instagram, è utile per trasmettere i valori aziendali, per aggiornare le persone sulle news, raccogliere testimonianze.

L'errore da evitare è quello di pensare che sia una pagina di svago, di intrattenimento.

**Una presenza sui social è utile se rispecchia tutto ciò che ruota intorno all'azienda.**

Per esempio, possiamo avere dei brand ambassador, delle figure aziendali che si trovano a loro agio a *"metterci la faccia"* e postare video, foto, dove spiegano le novità, mostrano dei lati dell'azienda, spiegano i prodotti e i servizi.

Mostrare queste persone oppure uffici, magazzini, anche la zona di produzione, se si tratta di prodotti, è importante perché rende solida, tridimensionale l'azienda.

Vedi, sai bene che online tutto è impalpabile, effimero.

È un ambiente sempre più conosciuto, ma i rischi sono sempre dietro l'angolo.

Vedere che un'azienda è vera, concreta, tangibile, avvicina il potenziale cliente, crea un primo legame, un'empatia.

Trasmettere i valori aziendali, la storia del fondatore, tutto ciò che ha portato a disegnare l'azienda come è ora, permette alle persone di identificarsi.

Come ti dicevo, tutti abbiamo una storia e tutti possono riconoscersi, identificarsi con un pezzettino della tua vita, con un dettaglio della tua azienda.

Questa identificazione è la chiave per entrare direttamente nel loro interesse, per catturare l'attenzione.

Non stai facendo nulla di strano, stai solo comunicando chi sei e cosa rappresenta la tua azienda.

Sui social si possono anche raccogliere testimonianze, sia video che scritte.

Questo avvicina ancora di più e crea una fiducia, andando ad abbattere alcune barriere di diffidenza.

Anche Youtube è utile, grazie alla creazione di video, perfetti per chi non ama leggere, ma preferisce una raccolta passiva delle informazioni.

Il bello della tecnologia è che basta un video solo, che può essere riadattato a tutti i diversi social.

Pensa al video presente in homepage di Esperis, l'azienda mia cliente di cui ti ho raccontato la storia nel capitolo precedente.

Quel video racconta tutte le informazioni chiave per identificare chiaramente l'azienda e i suoi valori che, a cascata, finiscono nel prodotto.

Anche Linkedin è interessante: approfondiremo questo social nel prossimo capitolo, ma sappi che è importante per il mondo b2b.

Secondo una ricerca di Fedemanager oltre il **79% dei manager italiani** è presente su Linkedin, mentre, in base ai dati Hubspot, l'**80% dei lead generati** da tutti i social viene proprio da Linkedin.

Tutto questo va a confluire nella brand awareness.

Vediamo finalmente a cosa serve?

Lo scopo della brand awareness è creare familiarità.

Le persone avranno già sentito nominare il tuo brand, non sarà nuovo per le loro orecchie.

Questo gioca un ruolo importante per costruire una solida reputazione digitale.

## Che cos'è la reputation?
## Cosa controllano di te le persone online?

La reputation è la reputazione che la tua azienda si è costruita online.

Si tratta di un aspetto delicato, che influenza molto la prima impressione che un potenziale cliente si fa di te.

Sappiamo bene quanto conti la prima impressione, soprattutto quando non c'è modo di approfondire, conoscere davvero un'attività, senza fare un passo avanti.

Il web offre così tante scelte che perchè mai dovrei mettermi ad approfondire la conoscenza di un'azienda che non ha una buona reputazione?

Meglio passare oltre, no?

Per questo è fondamentale essere consapevoli della propria reputation e lavorare per coltivarla e renderla sempre migliore.

## Come puoi alimentare la reputazione della tua azienda?

Le recensioni sono le regine della reputazione.

**Dove** le troviamo?

**Sul tuo sito**, che dovrebbe avere una sezione dedicata, per chi atterra direttamente lì, senza passare da altre piattaforme.

**Sulla scheda Google My Business**: lì arrivano tutte le recensioni lasciate dagli utenti Google, molto preziose e subito visibili.

Utili anche per Google stesso, che usa i contenuti delle recensioni che ricevi per decifrare il tuo business.

Più recensioni ricevi più gli utenti sentono voci diverse parlare di te e più abbiamo una maggiore varietà di contenuti che possono ampliare la visibilità della tua azienda in diverse parole di ricerca.

Secondo i dati rilasciati da Google stesso, il **90% delle persone** ammette di guardare le recensioni prima di approcciarsi ad un'azienda... e oltre l'**80%** le ritiene utili e affidabili per la sua decisione.

Per questo è importante controllarle sempre e chiedere ai clienti di lasciarti una recensione.

Le recensioni si trovano anche su altri siti, ad esempio Facebook.

Insomma, ogni scusa è buona per raccogliere testimonianze positive di clienti soddisfatti.

**E se arriva la recensione negativa?**

Non preoccuparti, capita a tutti, spesso anche in modo immeritato.

Se è evidentemente falsa, puoi segnalarla direttamente a Google, se invece è vera, puoi rispondere, in modo adeguato.

Il modo migliore è andare sempre incontro al cliente.

Se una persona arriva a lasciare una stella su cinque, significa che comunque ha vissuto un'esperienza negativa.

Già solo per questo è giusto scusarsi, cercando poi di capire come rimediare e, se non ne hai effettivamente colpa, cercando di spiegare il problema, in modo sempre educato e rispettoso.

**Però è importante rispondere, per dimostrarsi sempre presenti, attenti e aggiornati.**

So che richiede molto impegno, ma la presenza online richiede aggiornamento continuo… richiede di essere davvero presenti.

Tutto questo impegno però viene ripagato.

I contatti utili, se trovano una buona reputazione, un sito semplice e utile, si trasformano in clienti e in fatturato.

Inoltre tutto questo, social, recensioni… ha un altro valore importante.

## La difesa di chi è già tuo cliente

Nella vita non bisogna mai dare nulla per scontato…

… tanto meno i clienti.

Quando un'azienda è diventata tua cliente, ha fatto una scelta, si è affidata a te, ma nulla le vieta di cambiare idea.

Certo, la fortuna del b2b è che si tratta di cambiamenti lenti, con tempistiche mastodontiche.

Ma si possono sempre trovare offerte migliori, occasioni che tentano chi ha già un fornitore.

**La difesa dei tuoi clienti passa attraverso la brand awareness e la reputation.**

Grazie ai contenuti, alle recensioni, alla tua presenza online, puoi continuamente confermare ai tuoi clienti che hanno preso la decisione giusta.

Sapranno di aver fatto la scelta migliore, condivideranno i tuoi valori, le tue idee.

Inoltre saranno sempre informati sulle **novità**.

Una cosa davvero importante è la sezione News sul tuo sito, che trova spazio anche sulle pagine social, che devono sempre essere aggiornate e  allineate, per trasmettere messaggi coerenti.

**Infatti il rischio di essere presenti in diversi luoghi virtuali è proprio quello di dare messaggi discordanti.**

Questo non fa bene né ai tuoi clienti né ai tuoi contatti, che non capiranno cosa dirai, non si riconosceranno in messaggi diversi.

Per questo serve una coerenza di comunicazione: ogni pagina di tua proprietà, dal sito ai social, avrà un contenuto allineato, coerente.

**Tutta questa creazione di contenuti serve anche ad aprirsi al mercato estero.**

Se la tua azienda opera all'estero o vuole aprirsi a questa opportunità, è importante avere una solida presenza nazionale e una solida reputazione digitale.

**Ma da dove possiamo iniziare ad aprirci al mercato estero?**

Per trovare nuovi clienti all'estero bisogna partire da una prima domanda fondamentale: da quel paese inizio?

Non è una domanda scontata, perché ogni paese ha specifiche abitudini, una lingua differente, necessità diverse.

Non tutti i paesi possono aver bisogno di ciò che tu vendi.

E andare alla cieca è sempre rischioso: prima cerchiamo sempre di pianificare una strategia sensata, che ci confermi che stiamo facendo la cosa giusta.

Vediamo cosa ci può aiutare.

**Google Market Finde**r è uno strumento molto pratico, che ti permette di scoprire in quale paese c'è più domanda dei prodotti o servizi che vendi.

Come ti aiuta a capirlo?

Semplicemente basandosi sui volumi di ricerca delle parole chiave: più ricerche = più probabili necessità.

Fai attenzione però: non prendere questi dati come oro colato.

Se, per esempio, in un mercato c'è molta richiesta, potrebbe essere abbastanza saturo, con molta concorrenza…

… quindi potresti infilarti in una situazione poco agevole e rischiosa.

Tu sei "straniero", non ti conoscono e c'è ancora più diffidenza, come è naturale che sia.

Cerca quindi di andare nei paesi dove pensi di dare il meglio: trova la tua nicchia e affidati ai tuoi "pezzi forti", ai prodotti che possono essere più interessanti per loro e su cui sei tranquillo e non hai punti deboli.

Non prendere questo strumento come un oracolo: ti sta comunque offrendo delle stime, delle ipotesi, basate sulle parole chiave che inserisci.

Scegli con attenzione le parole chiave da utilizzare.

Quando hai scelto dove andare a colpire, cerca di posizionarti in modo ottimale anche lì.

Non che sia semplice il posizionamento multilingua.

Non basta un semplice traduzione letterale: ogni paese ha le sue tradizioni, i suoi modi di dire, le sue abitudini.

È necessario conoscere molto bene il mercato in cui stai cercando di inserirti.

Pensa alle parole chiave.

Già è difficile capire quali scegliere nella tua lingua madre, l'italiano, che conosci benissimo e che ti permette di capire la psicologia che sta dietro alla ricerca.

Prova a immaginare il livello di difficoltà che si nasconde in una lingua straniera.

Per questo è importante appoggiarsi a figure esperte, che non si limitano ad una traduzione letterale, ma che conoscono bene la realtà in cui vuoi inserirti.

Pensa poi alla fase fondamentale, che si fa all'inizio, dell'analisi dei competitor.

Bisogna riuscire a capire come comunicano, i contenuti del loro sito… per estrapolarne le strategie e posizionarsi di conseguenza.

Analizzando con cura il loro sito, i contenuti che creano, puoi capire cosa funziona e cosa invece evitano perché non viene ben recepito.

È il modo migliore per evitare investimenti del tutto sbagliati e una perdita di soldi e tempo.

**Cos'altro serve per aprirsi ad un nuovo paese straniero?**

Prima di tutto, è importante padroneggiare la tecnica che sta alla base dell'indicizzazione in quel determinato paese.

L'ideale sarebbe avere un dominio nazionale, come ad esempio .uk o .de oppure puoi semplicemente aggiungere una versione al sito attuale.

Sarebbe utile anche trovare un appoggio locale: un agente, un distributore, qualcuno che ti presenti, che spieghi il tuo prodotto.

Non dimenticare di inserire nel tuo sito messaggi esplicitamente rivolti a queste figure.

Fagli capire subito che benefici possono ottenere distribuendo i tuoi prodotti e fai notare tutto ciò in homepage, immediatamente.

**Dall'estero, i potenziali contatti utili cosa possono fare per valutarti?**

Nient'altro che controllare la tua presenza online, la tua reputazione digitale.

Se poi trovano contenuti creati direttamente nella loro lingue, questo faciliterà molto le cose.

C'è poi un altro passaggio, che aumenta ancora il processo di presenza online.

## La digitalizzazione passa anche attraverso l'e-commerce (anche nel B2B)

Stiamo assistendo ad un importante fenomeno di crescita in questa direzione, anche nel nostro paese.

Le ricerche ci restituiscono dati notevoli: il **52%** delle aziende italiane b2b, con più di 20 milioni di euro di fatturato, hanno un e-commerce attivo.

Sappiamo bene sono articolati i processi di acquisto in questo mondo, anche perché spesso richiedono acquisti "importanti" con investimenti considerevoli.

Ma un primo approccio, un primo modo di conoscere e capire come lavora un potenziale fornitore è fare un piccolo acquisto iniziale, non troppo impegnativo, che apra le porte ad una possibile collaborazione più stretta in futuro.

Per esempio, un pezzo di ricambio, un gadget su misura, qualcosa che non abbia un costo impegnativo, vincolante.

Può capitare che il loro fornitore attuale sia al momento sprovvisto di quella componente o che ci sia stato un intoppo, un ritardo.

Questa occasione, se sfruttata nel migliore dei modi, può aprire le porte di una collaborazione, di una fornitura a lungo termine.

## Il caso studio Dos&Donts

Quest'azienda è un fiore all'occhiello italiano, specializzata da 30 anni in soluzioni tecnologiche per il controllo e la sicurezza degli ambienti a contaminazione controllata.

**La nostra sfida era aumentare la visibilità a livello internazionale**, sottolineando la loro esperienza e competenza.

Abbiamo fatto un restyling del sito, pubblicandolo sia in italiano che in inglese, curando in particolare i messaggi e le call to action, per spingere all'azione il contatto utile.

Analizzando le principali keywords e il modo in cui si muovevano i competitors online, abbiamo studiato una strategia mirata per evidenziare i punti di forza e farli risaltare.

Tutto questo per massimizzare le possibilità di conversione.

Abbiamo poi realizzato l'e-commerce: **Dos&Donts Outlet**.

Questo è un ottimo front-end per portare ad un primo acquisto, una prima conoscenza.

**DOS&DONTS®**
FROM HERE TO THERE

Soluzioni per il controllo e la sicurezza degli ambienti di produzione

DESIGN & TECHNOLOGY MADE IN ITALY

🔒 il mio account | 🛒 (0)

HOME   CATALOGO   KIT   CONTROLLI   ACCESSORI   FINE SERIE   FAQ   CONDIZIONI DI VENDITA   CONTATTI

**Accessori**

HOME / ACCESSORI

Accessori | *Ampia gamma di accessori utili per il controllo, la connessione e l'interblocco delle porte: segnalatori, sensori di prossimità, adattatori. Sono disponibili soluzioni che integrano il blocco porta con il sensore di prossimità per semplificare e ottimizzare i cablaggi.*

AC12PRO ACCESS POINT

MAGICEYE-80

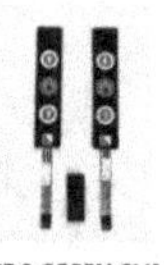

RED&GREEN SLIM

BLUE BUTTON

Realizzato sempre nelle due lingue, vende componenti elettronici, kit e accessori utili per questi ambienti a contaminazione controllata.

I risultati, in un solo anno, sono stati importanti:

**+35%** di traffico organico in Italia
**+44%** di traffico organico all'estero
**+18%** di contatti internazionali

**La presenza di un e-commerce facilita molto questo passaggio, lo rende più semplice e immediato.**

Non è un passaggio scontato quello di aprire un e-commerce: serve una pianificazione precisa e una comunicazione snella ed efficace, che renda semplice e pratica l'esperienza di acquisto.

Questo passaggio delicato passa attraverso una fase precedente: la costruzione di un sito che non sia solo una pagina vetrina, ma che abbia una struttura navigabile, di facile utilizzo per il potenziale cliente.

Infatti, un dato rilevante ci dice che il **75%** delle aziende italiane b2b con un fatturato superiore a 2 milioni di euro, **fa uso dei canali digitali** nelle varie fasi che compongono il processo d'acquisto, **soprattutto nella valutazione dei fornitori**.

Questo dato è in continua crescita (nel 2015 era al 65%) e questo significa che adeguarsi a costruire una solida presenza online è davvero sempre più necessario oltre che utile per acquisire contatti.

**Cosa significa?**

I buyer svolgono accurate ricerche online per trovare nuovi fornitori e si affidano in gran parte a Google per individuare quelli più adatti alle loro esigenze.

I buyer stessi stanno sempre più prendendo confidenza con questo tipo di ricerca.

Lo capiamo da altri dati rilevanti.

Il **33%** dei buyer ha creato nuovi rapporti commerciali con dei fornitori con cui sono entrati **in contatto per la prima volta online**.

**Ma cosa cerca un buyer da un sito internet?**

Prima di tutto la possibilità di avere più informazioni possibili già in home page.

In questo sono molto simili agli utenti finali del b2c... in fondo si tratta sempre di persone, anche se in contesti diversi.

Persone che stanno cercando qualcosa di cui hanno bisogno e che vogliono avere più informazioni possibili nel minor tempo.

Vogliono avere subito informazioni di contatto, poter scaricare materiale informativo, cataloghi, schede prodotto fatte bene, con una chiara descrizione dei benefici, dei diversi modi di impiego e di quanto possono ottimizzare tempi e costi (obiettivo centrale nel b2b).

Servono poi condizioni chiare, che mostrino trasparenza e affidabilità (anche nella consegna): questo predispone il buyer ad un acquisto con più sicurezza e tranquillità.

La costruzione di un sito di questo genere richiede attenzione, professionalità e quindi tempo.

Per questo nasce la volontà di affidarsi alla regola 80/20, per individuare subito quel 20% da migliorare che sarà in grado di portare reali benefici corrispondenti all'80%.

La cosa più importante è non imporsi all'azienda, ma saper consigliare le giuste modifiche: per loro si tratta sempre e comunque di un cambiamento, e c'è la necessità di accompagnare l'impresa, costruendo una serie di piccole ma impattanti modifiche continuative che porteranno a risultati concreti da monitorare.

Queste modifiche, per essere continuative, hanno bisogno di una caratteristica molto importante, la cui assenza mette a rischio tutto il lavoro pianificato.

**Stiamo parlando della proattività.**

Cosa significa?

Significa che chi lavora nella tua azienda, partendo da te fino all'ultimo assunto, ha un ruolo ben preciso, una serie di mansioni da compiere e responsabilità da assumersi.

Nel momento in cui decidi di affidarti ad una figura esterna, dall'agenzia al libero professionista, stai portando all'esterno una fettina di questo ruolo e di questa responsabilità.

Quando ho creato la mia versione, legata alle migliorie al sito e alla presenza online, della regola 80/20, ho capito subito che questo avrebbe reso indispensabile un legame, ma anche una proattività.

Proattività significa che noi non ci dobbiamo limitare a eseguire un compito concordato e fermarci.

Dobbiamo, per dare costanza e aggiornamenti continui, proporre sempre nuovi passi in avanti, nuovi miglioramenti.

Tutto ciò servirà a tentare di controllare la SEO: come dicevamo la posizione non è mai fissa.

Non sei arrivato al primo posto e da lì non ti sposterà mai nessuno.

I competitors lavorano sempre per migliorare e possono arrivare anche nuove realtà, sia nazionali che estere.

Ma servirà anche a ramificare la tua presenza online, senza bisogno di sponsorizzazioni, di pubblicità, ma semplicemente lavorando sui contenuti, sulle informazioni che vengono seminate in giro per il web.

**Le sponsorizzazioni sono inutili?**

Assolutamente no.

Abbiamo visto come siano importanti per pubblicizzare la tua presenza in una fiera e portare un contatto a visitare il tuo stand.

Non sono mai da escludere: noi stessi le consigliamo in alcune circostanze specifiche, con obiettivi che richiedono tempistiche ridotte e la necessità di raggiungere un pubblico ampio.

Ma sono una buona scelta in uno step successivo.

Prima devi aver costruito, poi puoi provare una campagna di sponsorizzazioni.

**Perché?**

Ogni click di una campagna a pagamento ha un costo.

Se una persona clicca e si ritrova su un sito vetrina, poco fruibile, che non fornisce subito informazioni utili, che non spiega i benefici del prodotto/servizio… andrà via.

**E tu avrai pagato comunque.**

Questo è il motivo per cui le campagne a pagamento si possono fare, ma in condizioni avanzate, con tutta la struttura pronta e con un obiettivo ben chiaro da raggiungere.

**Vero è che tutto ciò che è organico e non "spinto" dalla pubblicità richiede tempo e dedizione.**

Non basta spendere un budget e vedere immediatamente un risultato.

Però è anche sbagliato dire che servono mesi, anni per salire nelle pagine dei risultati Google e avere dei riscontri oggettivi, delle conversioni.

Grazie alla regola dell'80/20 applicata alla SEO, prende vita la nuova SEO strategica, che ha proprio lo scopo di pianificare una serie di piccole ma impattanti modifiche, con risultati a breve termine (nei primi due, tre mesi).

Per ottenere questo ci deve essere un lavoro di squadra, dove non si dà mai per scontata l'opinione altrui, dove si mantiene una collaborazione continua e costante.

Stiamo dimenticando l'ultimo tassello.

Ultimo. ma non per importanza.

**I tuoi concorrenti sono presenti online? Come?**

Nel b2b è facile conoscere già i propri competitors.

In un settore di nicchia saranno meno rispetto al profondo mondo b2c, ma sono sicuramente agguerriti e presenti online.

Ormai quasi tutte le aziende hanno un sito, anche se molti lo trascurano, non lo aggiornano e usano le pagine social come se fossero private, trattando temi poco aderenti all'azienda e poco utili per ottenere nuovi clienti.

Ci sono però anche concorrenti che si stanno adeguando.

Così come tu stai leggendo queste righe, anche loro possono rendersi conto che la presenza nel web è sempre più decisiva, anche in un settore come il b2b che sembrava destinato ad essere risparmiato da questa digitalizzazione.

Possono voler provare a migliorare la SEO, posizionarsi più in alto.

**Quanti clienti gli stai lasciando in questo momento?**

Quante persone avrebbero maggiori benefici acquistando da te, appoggiandosi ai tuoi servizi, mettendo i tuoi prodotti all'opera nelle loro aziende?

**Questi competitors meritano di essere più in alto di te su Google?**

Se la risposta è no, direi che è il momento di superarli.

Proprio per questo motivo ti consiglio di andare al link https://www.cdweb.it/risorse-libro. La mia missione è di darti gli strumenti adatti per cogliere le giuste opportunità  nel mondo digitale.

# Capitolo 8
# Semplici strategie per avere contatti utili da Google

*"Una teoria deve essere temprata con la realtà"*
*(Jawaharlal Nehru)*

Ora è il momento di dare indicazioni precise, chiare, su come poter migliorare la propria presenza online, partendo dal sito e uscendo anche da quella zona di comfort, con social e altre opportunità.

Iniziamo!

**Il miglior inizio è l'analisi dei tuoi concorrenti.**

Un'analisi preliminare fondamentale è quella sui competitors, che ti permette di capire come si muovono i tuoi concorrenti, come presentano i loro prodotti/servizi e come si posizionano sul web.

Vediamo insieme cosa andare ad analizzare della presenza online dei competitors.

# ANALISI COMPETITOR DIGITAL

## TUTTI GLI ELEMENTI DA ANALIZZARE!

   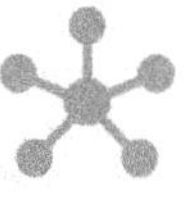 

**POSIZIONAMENTO SU GOOGLE**  **ADVERTISING**  **CONTENT**  **PR & ARTICLE MARKETING**  **SOCIAL MEDIA**

Il primo passo: capire se si stanno muovendo dal punto di vista digitale, come sono posizionati:

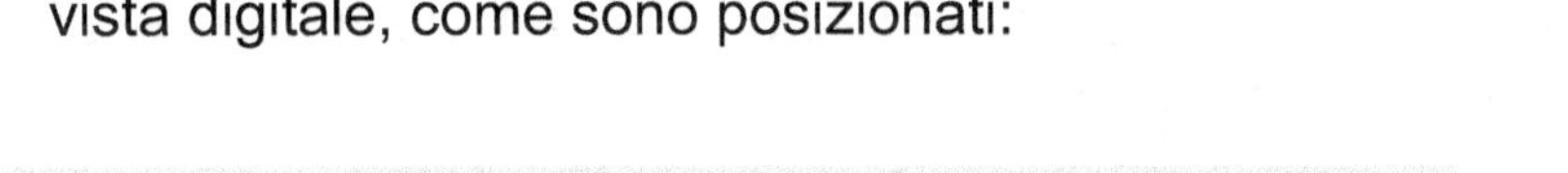

## 1. POSIZIONAMENTO su Google

Secondo Semrush, negli anni si è registrata una crescita altalenante - con un trend comunque positivo - nel posizionamento del COMPETITOR X **nei risultati di Google Italia.**

Il sito può contare ora su oltre **1.400 keywords**, che portano circa **6mila visitatori** al mese.

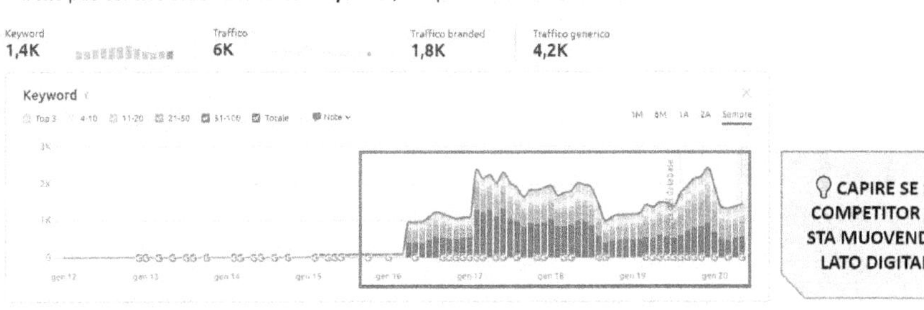


Analizza le keywords scelte per capire su cosa stanno puntando a livello di prodotti e servizi.

# 1. POSIZIONAMENTO su Google 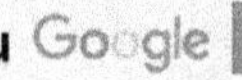

Alcune **keywords generiche** dove **I COMPETITORS** si sono inseriti su **GOOGLE ITALIA:**

| KEYWORDS | VOL | AZIENDA X | COMPETITOR 1 | COMPETITOR 2 | COMPETITOR 3 |
|---|---|---|---|---|---|
| Termocamera | 5.400 | 5 | 13 | 7 | 4 |
| Infrarossi | 2.900 | 48 | 2 | 72 | 75 |
| Termocamera prezzi | 480 | 13 | 14 | 20 | 15 |
| **Termocamera professionale** | 260 | 49 | 7 | 10 | 6 |
| Fotocamera infrarossi | 140 | 23 | 30 | 56 | 66 |
| Termo camera | 140 | 12 | 20 | 8 | 3 |
| App termocamera | 110 | 42 | 9 | 32 | 20 |
| Termocamera infrarossi | 110 | 5 | 12 | 6 | 9 |
| Camera termografica miglior prezzo | 90 | 27 | 23 | 98 | 22 |
| Costo termocamera ad infrarossi | 90 | 40 | 15 | 18 | 22 |
| Camera termica app | 50 | 23 | 13 | 38 | 30 |
| Migliori termocamere | 50 | 19 | 17 | 73 | 18 |



L'analisi del sito web permette di capire tutte le keywords scelte (non solo quelle riferite ai prodotti), grazie anche ai contenuti, per esempio del blog:

# 1. POSIZIONAMENTO su Google 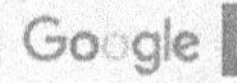

Difatti, non posizionano solo keywords di prodotto:

**con il blog** si posizionano per molte keywords correlate

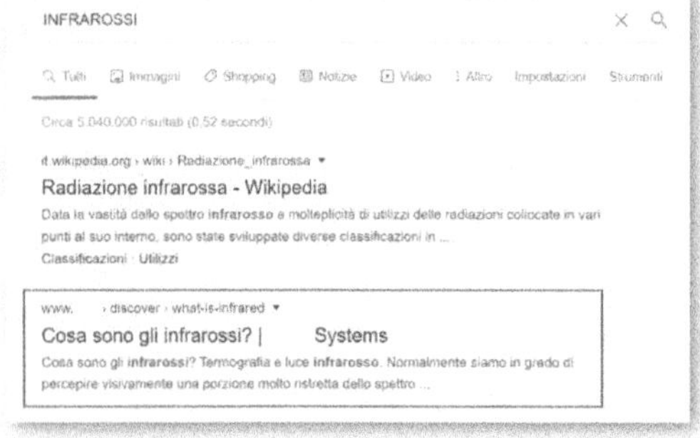


Con "**INFRAROSSI**" sono il secondo risultato di Google, dopo Wikipedia, con l'articolo del blog dedicato

💡 INDIVIDUARE OBIETTIVI STRATEGICI PER IL COMPETITOR

È importante poi capire se stanno facendo advertising con Google, ovvero se appaiono negli annunci a pagamento, per capire come si vendono.

## 2. ADVERTISING con Google Ads

In più, il COMPETITOR ha investito su **numerose campagne a pagamento**, sia su rete SEARCH che DISPLAY.

Alcuni esempi di annunci attualmente attivi su **rete SEARCH:**

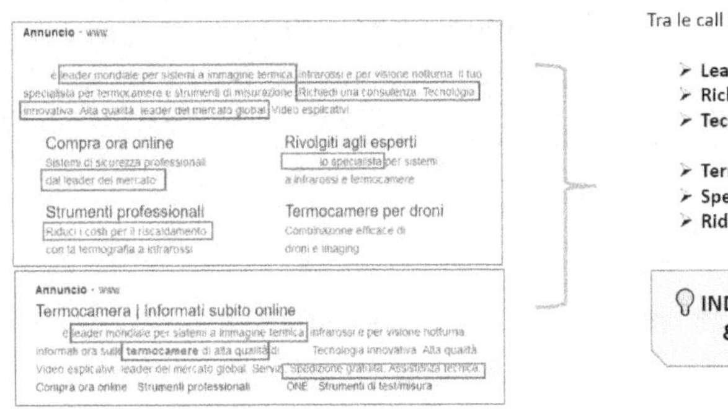

Tra le call to action utilizzate, segnaliamo:

- ➤ **Leader mondiale / specialista**
- ➤ **Richiedi una consulenza**
- ➤ **Tecnologia innovativa**

- ➤ **Termocamere di alta qualità**
- ➤ **Spedizione gratuita / Assistenza tecnica**
- ➤ **Riduci i costi**

💡 **INDIVIDUARE CALL TO ACTIONS & VALUE PROPOSITIONS**

Controlla sempre la loro scheda Google My Business: si tratta di uno strumento fondamentale, un biglietto da visita che da una grande quantità di informazioni immediate.

## SCHEDA GOOGLE MY BUSINESS

💡 **SI TRATTA DEL BIGLIETTO DA VISITA NEL MONDO DIGITAL: SPESSO IL PRIMO PUNTO DI CONTATTO SUL WEB**

Analizza con attenzione il loro sito internet, prestando attenzione a:

- possibilità di contatto diretto;

- presenza di recensioni e testimonianze;

- schede prodotto dettagliate con foto e informazioni sul loro posizionamento, su quello che offrono di diverso dalla concorrenza.

Non dimenticarti dei social: Linkedin è un ottimo strumento per generare contatti.

Verifica se sono presenti e come si presentano.

## 5. SOCIAL MEDIA - LinkedIn

**Followers:** +76.500 **Dipendenti:** +3.600

**Frequenza:** alta, almeno 3-4 post a settimana    **Pagina del gruppo:** post in lingua inglese

**Tipologia:** contenuti corporate come news aziendali e di prodotto, case studies, webinar, etc...

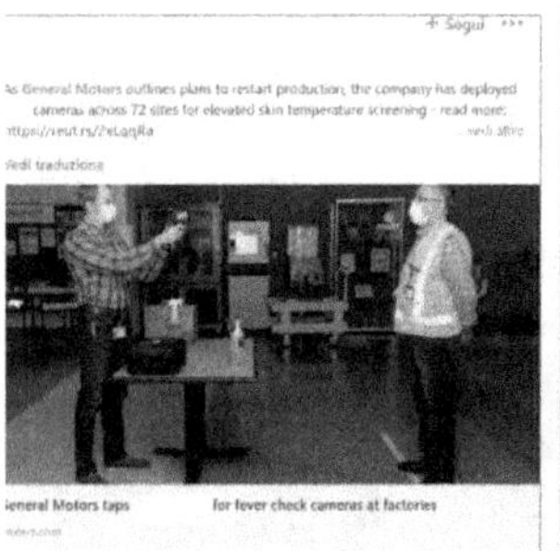

INDIVIDUARE FOCUS DELLA STRATEGIA COMUNICATIVA

# 5. SOCIAL MEDIA  - LinkedIn

**A. G. - *Distribution Sales Manager***
Ricondivide post corporate, parla di novità di prodotto,
anche con considerazioni personali sulle tematiche del settore.

In questo modo potrai trarre spunti dal loro modo di agire e, molto spesso, fare esattamente il contrario.

Avere però la consapevolezza di come agiscono e si presentano ai contatti digitali è fondamentale per non muoversi alla cieca, senza conoscere il contesto in cui stai andando ad agire.

## Il potere di due parole: "su misura"

Moltissime aziende che operano nel b2b hanno un'arma potentissima, in grado di fare una strage, catturando tantissimi contatti e abbattendo la stragrande maggioranza delle loro obiezioni.

Ma quasi nessuno la usa.

Me ne sono reso conto nel tempo: **tantissimi miei clienti producono quello che vendono**.

Sia che si tratta di servizi, che vengono strutturati da loro, sia software, per arrivare a materie prime o prodotti finiti.

Producendo direttamente quello che vendono, hanno la possibilità di personalizzare il prodotto o il servizio a seconda delle esigenze del cliente.

Cosa significa?

Significa che puoi realizzare qualcosa su misura, seguendo le specifiche necessità di chi si rivolge a te.

Il tuo sito lo dice subito in homepage?

Spieghi come mai hai questa possibilità e cosa può significare per il cliente?

Puoi avere dimensioni, quantità, caratteristiche specifiche su misura.

Lo stesso vale per i servizi: se c'è una particolare necessità puoi plasmare il tuo servizio.

Pensa ai miei clienti di cui ti ho parlato.

Il produttore di zaini personalizzati, chi invece stampa etichette con qualsiasi richieste esaudita, sia di formato che testo e colore… tutto.

Chi produce materie prime per cosmetici e le può miscelare e studiare in base alle singole esigenze, calibrando quantità e garantendo sempre una qualità altissima, dal momento che non si appoggia ad altre aziende esterne.

Questo è un altro punto importante.

**Produrre direttamente è un vantaggio anche se non hai la possibilità di lavorare su misura.**

Pensaci.

Tu puoi garantire per te stesso, per la tua azienda.

Sai bene come lavori, i valori che trasmetti ad ogni dipendente.

Ma puoi dire la stessa cosa per ogni azienda che ti fornisce una componente?

È difficile e ti apre a diverse responsabilità importanti.

Se invece produci tu, ti sollevi da questo rischio e sei certo di garantire sempre la qualità, costante nel tempo.

**Tutto questo... la produzione in proprio, la realizzazione su misura... a cosa serve?**

Va ad eliminare il primo metro di paragone: ti toglie dalla guerra dei prezzi.

Quando hai a disposizione un prodotto vieni subito para-
gonato a quello che offrono i tuoi concorrenti (o peggio
Amazon). Questo vale sia per il prezzo che per il prodotto
in sé.

Se invece si parla di qualcosa che viene studiato insieme,
fatto su misura, cucito intorno alle esigenze e alle richieste
del cliente... cosa succede?

**Si crea qualcosa di unico.**

Un pezzo unico in pratica, che quindi, già solo per questo,
acquista un valore del tutto diverso.   Inoltre, ti sposta inevitabilmente al di fuori dei giochi del prezzo.

Un buyer b2b fa quello di lavoro: valuta preventivi diversi.

Sceglie in base anche al prezzo, oltre che alla qualità e
altri fattori come velocità, disponibilità eccetera.

Il fatto di fare qualcosa su misura o comunque produrre tu
quello che vendi, ti mette al di sopra della concorrenza, aumentando le probabilità di corrispondere proprio a quello
che il tuo contatto sta cercando.

Se ti trova ai primi posti sulle pagine Google e vede subito, dalla prima pagina del sito, che realizzi su misura, che
personalizzi, che produci tu quello che proponi... sei già a
metà strada.

Quindi un consiglio è quello di comunicarlo, in modo diretto
e chiaro in homepage, aggiungendo poi una cta (call to

action) che porti ad approfondire, scoprendo come puoi soddisfare i bisogni dei clienti in modo unico.

Passiamo al secondo consiglio.

**Il potere attrattivo dei lead magnet: porta il contatto di Google ad essere un *tuo* contatto.**

Abbiamo già accennato al fatto che chi ti trova e sceglie su Google, è un contatto che "appartiene" a lui.

Questo significa che non hai modo di sapere chi è, di contattarlo attivamente, finchè non è lui a fare la prima mossa.

**Il problema è che non sappiamo se e quando la farà e non abbiamo alcun controllo su questo, possiamo solo aspettare.**

L'unico modo per farli diventare nostri contatti e acquisire il diritto di comunicare con loro, di prendere iniziative, è quello di farci lasciare i dati.

I contatti interessanti, i cosiddetti marketing qualified lead, sono propensi a scoprire qualcosa in più su di te, e sono disposti a lasciare la loro e-mail per ricevere del materiale informativo.

Come abbiamo già visto, è importante che capiscano subito di avere questa possibilità, già nella famosa home page.

**Ma cosa gli diamo in cambio del loro contatto?**

Quello di cui ha bisogno un marketing qualified lead è il contenuto: una serie di approfondimenti, informazioni per conoscerti meglio, accorciare le distanze e aumentare il loro livello di consapevolezza.

Quando un contatto ti vede lì, nella pagina dei risultati di Google, di te non sa nulla.

Sa soltanto che secondo il motore di ricerca, sei un sito rilevante per quelle parole chiave che ha digitato.

Quindi il suo livello di consapevolezza nei tuoi confronti è piuttosto basso, però potrebbe avere un alto livello di consapevolezza del problema che ha, della necessità che l'ha spinto a fare quella ricerca.

**In questo caso, trovando in te una soluzione, può facilmente diventare un contatto qualificato per l'acquisto.**

Se invece entrambi i livelli di consapevolezza sono più bassi, sarà però qualificato per il marketing, quindi per volerne sapere di più e arrivare a decidere di comprare da te.

Se la visita al tuo sito non aumenta quel livello di consapevolezza… allora quel click, anche se gratuito, è stato inutile.

Ha portato solo traffico… che è un bel numero, ma non fa salire gli zeri sul conto dell'azienda.

Se invece trova nella homepage la possibilità di avere più informazioni, avrà gli strumenti per aumentare il suo livello di consapevolezza… e anche tu potrai aiutarlo in questa delicata fase.

Quindi, cosa succede?

Lui lascia la sua e-mail e scarica del materiale.

**Cosa gli diamo da scaricare?**

Possiamo utilizzare schede più approfondite, più tecniche del prodotto.

Nel caso vendessi un software, puoi permettergli di scaricare una demo gratuita, così prova quello che gli offri.

In questo caso è ottimo, perché se il tuo software davvero lo aiuta, difficilmente vorrà privarsene alla scadenza del periodo di prova.

**Puoi anche permettergli di iscriversi ad una newsletter.**

In questo modo riceverà una mail periodica con tutte le novità che proponi, con approfondimenti tematici su diversi argomenti… tutto materiale, contenuto che ha lo scopo di portarlo a decidere che la tua azienda è tutto ciò di cui ha bisogno.

**La newsletter è importante anche per un altro motivo.**

Come abbiamo detto, molto spesso le procedure d'acquisto nel b2b possono essere lunghe.

Coinvolgono diverse figure, attraversano molta burocrazia… ci vuole tempo.

In tutto questo tempo la newsletter ha l'obiettivo di non permettere che il potenziale cliente, che è quasi tuo, si distragga, che venga attirato dai contenuti di un tuo competitor… insomma, lo tieni agganciato a te.

Inoltre hai modo di fargli sapere in anteprima tutte le novità, gli aggiornamenti…

… avete un canale privilegiato di comunicazione.

**Come si fanno le newsletter?**

Si tratta di contenuti che devono essere semplici, senza un linguaggio troppo tecnico.

So bene che padroneggi alla perfezione il tuo settore, e per te si tratta di termini che fanno parte della quotidianità, che conosci molto bene.

Però il buyer di un'azienda non fa parte necessariamente del tuo mondo.

Il suo lavoro consiste nel gestire tutti i tipi di fornitori, ma non è un tecnico di ognuno di essi.

Anche nel caso in cui fosse il tecnico di quell'impresa a lasciare il contatto, difficilmente sarebbe interessato a lunghi contenuti farciti di parole complicate e specifiche.

**Bisogna quindi saper dosare le parole, un po' come gli ingredienti in cucina.**

Alternare parole tecniche, in piccolissime dosi, che servono a far capire che sei un professionista, sai bene di cosa stai parlando e sei autorevole…

… con parole semplici, con aneddoti che rimandano alla vita quotidiana, ad avvenimenti di cronaca.

Non dimenticare mai che l'obiettivo non è quello di formare nuovi esperti.

Non sono interessati a capire tutti i minimi dettagli di una componente meccanica o di un software.

Vogliono essere incuriositi, attirati nella lettura, per capire quali benefici porterà il tuo prodotto o servizio, quali problemi risolverà, cosa lo rende davvero unico rispetto alla concorrenza.

Tutte informazioni che andranno nella lista dei "pro", nei motivi che li porteranno a scegliere proprio te.

Passiamo al terzo consiglio, che riguarda la SEO, uno dei suoi punti più deboli.

**La SEO non è sinonimo di immobilità, ma di continua evoluzione e aggiornamento.**

Quando crei il tuo sito, pensi di aver raggiunto un traguardo, di aver finito.

Lo stesso vale per eventuali articoli del blog, se lo hai, per le pagine social… tutto.

Invece purtroppo non è così.

Tutto quello che è online, che è digitale, richiede un continuo aggiornamento.

Pensa all'esempio del blog.

Ti dicono che è utile, che aiuta a posizionarsi bene grazie alla presenza delle parole chiave… ottimo.

Decidi di farlo e, per iniziare inserisci un po' di articoli.

Poi te ne dimentichi: nessuno ci scrive, nessuno ha tempo (tu tantomeno).

Pensa ad un utente che atterra sul tuo sito.

Gli è sembrato interessante e si è lasciato incuriosire dal blog.

Ci clicca e entra.

Cosa vede?

Vede che l'ultimo articolo risale a… quando?

Uno, due anni fa?

E cosa può pensare?

Che non ci tieni, che non sei una persona meticolosa, precisa e puntuale e questo ricadrà sulla tua azienda, su ciò che vendi.

Finché non arriva la peggiore delle ipotesi: può pensare che hai chiuso.

Se nessuno aggiorna più il sito, il blog… vuol dire che nessuno lavora più in quell'azienda?

So che è un'ipotesi estrema, ma è un rischio reale, che non vale la pena di correre.

Ogni piattaforma digitale deve essere aggiornata, con tutte le novità, con contenuti interessanti, utili, che contribuiscano sia ad attirare potenziali clienti che a migliorare o mantenere solido il tuo posizionamento sulle pagine Google.

Per non scendere dalla posizione alta che hai tanto faticato a raggiungere dovrai sempre lavorare per migliorare il sito e creare contenuti.

**Cosa c'è dopo il click: il tuo sito cattura o respinge dopo pochi secondi?**

Quando inserisci un contenuto nel tuo sito, parli di qualcosa che conosci molto bene.

Domini la materia, conosci ogni termine tecnico e per te è un linguaggio comune, che fa parte della tua quotidianità.

**Il problema è che non pensi come un pesce, ma come un pescatore.**

Ricordi?

Devi immedesimarti nella situazione del tuo potenziale cliente, il pesce, allontanandoti per un attimo dalla tua posizione, che è quella di pescatore.

**Cosa succede se pubblichi solo contenuti tecnici?**

Stai dicendo cose corrette, utili e sensate.

Ma poche persone le capiranno e soprattutto non serviranno a convincerli che sei la scelta giusta per loro.

**Come si risolve questo problema?**

Cerca di tradurre in parole semplici.

**Prova a scrivere come se dovessi spiegarlo ad un bambino.**

So che sembra strano, ma è l'unico modo per non correre il rischio di risultare del tutto incomprensibile.

Vedrai che con un po' di esperienza troverai il tono di voce giusto e più apprezzato dai tuoi clienti.

Per capire come si muovono gli altri, guarda anche cosa scrivono i tuoi concorrenti.

Scriveranno cose diverse, certo, ma ci sono sempre dei punti che si toccano, degli interessi che riguardano tutti, degli ami a cui i pesci preferiscono abboccare.

Un altro consiglio: inserisci molte **call to action**.

Le famose chiamate all'azione, pulsanti che spingono l'utente a fare qualcosa, a contattarti, ad approfondire un argomento, a lasciare i loro dati per iniziare una comunicazione, per scaricare il lead magnet di cui abbiamo parlato.

Ricordati di prendere spunto dai competitor per trovare la tua strategia personale perfetta, il tuo angolo d'attacco unico per mostrare alle persone ciò che solo tu puoi fare per loro.

**Non dimenticarti di dare informazioni utili ai potenziali clienti.**

Pensa sempre che siano dei bambini: prendili per mano e aiutali e navigare nel tuo sito in modo intuitivo, senza barriere e troppe difficoltà.

Il tuo obiettivo è che ti contattino, che si trasformino in clienti: dagli tutte le informazioni di cui hanno bisogno, senza mai dare nulla per scontato.

Spiegagli bene cosa succederà, per esempio, se lasciano l'e-mail e si iscrivono alle newsletter.

Spiega che non verranno tempestati da mille messaggi, ma riceveranno solo un numero stabilito di contenuti.

**Cerca di rivedere le tue parole chiave.**

Il primo strumento per capire quali parole chiave sono più utilizzate nel tuo settore… è proprio sotto i tuoi occhi.

Lo usi già, spesso, ma non hai ancora sfruttato le sue potenzialità.

**È semplicemente… Google!**

Sei sul motore di ricerca. Sai cosa cercare e inizi a digitare. Dopo aver scritto la prima parola ti appariranno una  serie di parole nella barra di ricerca che completano in automatico la tua frase.

Lo stesso vale per le ricerche correlate, che trovi in fondo alla prima pagina: tutto può suggerirti quali sono le parole chiave più rilevanti e frequentemente utilizzate.

Ci sono poi una serie di strumenti professionali, ad esempio **Semrush**.

Con il suo **Keyword Magic Tool** permette di individuare le migliori parole chiave correlate a un argomento, attraverso un'approfondita analisi dei dati, come ad esempio, i volumi di ricerca mensili e il costo per click.

**Crea contenuti di qualità: i link esterni e interni sono uno dei criteri più importanti per Google per valutare e posizionare il tuo sito.**

Fare link building per la tua azienda significa creare una serie di link ospitati su altri siti che puntano direttamente al tuo sito web aziendale, con l'obiettivo di aumentarne la visibilità per gli utenti e per Google stesso.

È il potere della citazione, della referenza.

Se un buon sito ne cita un altro Google ne terrà conto e attribuirà una maggior autorevolezza al sito che riceverà il link.

Il risultato sarà un incremento del posizionamento SEO del tuo sito aziendale.

**Attenzione però a chi ci fa questo "favore".**

Se vieni linkato da un sito non autorevole, andrai solo a peggiorare la tua situazione, ottenendo esattamente il risultato contrario a quello sperato.

**Come capiamo se un sito è autorevole?**

Hai a disposizione degli strumenti specifici, come Semrush di cui abbiamo già parlato.

Questi siti valutano l'autorevolezza di un altro sito attribuendo un punteggio.

Se il punteggio è **superiore a 30** puoi procedere con tranquillità: si tratta di un sito affidabile, di qualità, e il suo link ti porterà dei benefici per il posizionamento SEO.

Normalmente si punta a forum, riviste specialistiche del tuo settore, che hanno quasi sempre ottimi punteggi.

**Ma Google premia tanti link oppure pochi ma di qualità?**

Bella domanda.

Non c'è una risposta esatta, ma ultimamente Google sta privilegiando la qualità sempre e comunque.

Quindi punta a link di alta qualità per essere premiato dal motore di ricerca, che vuole assolutamente evitare spam.

Piano piano ti costruirai un piccolo tesoro di link di alta qualità, che con il tempo saranno sempre più numerosi.

**Come si valuta lo stato di salute di un link?**

Come capiamo se va tutto bene o c'è un problema?

Vediamo insieme la legenda dei codici che possono comparire e cerchiamo di capire a cosa corrisponde ciascuno di essi, per vedere se è tutto in ordine o se dobbiamo intervenire:

- **Codice 200 – tutto a posto**. Semaforo verde, il link è perfettamente funzionante e ti porterà a destinazione.

- **Codice 301 – Reindirizzamento permanente**. La pagina indicata nel link non esiste più, ma il link è stato reindirizzato verso la nuova pagina e ora funziona correttamente.

- **Codice 302 – Reindirizzamento temporaneo**. Come prima, ma a Google viene comunicato che il reindirizzamento è soltanto temporaneo.

- **Codice 404 – Non pervenuto**. Semaforo rosso, c'è un problema. La pagina a cui fa riferimento il link non esiste più, nessuna informazione di reindirizzamento è stata data a Google e il link non porterà da nessuna parte.

Chi di noi non ha mai visto l'errore 404… tutti, anche troppo spesso purtroppo. Quindi se trovi un link rotto riparalo o eliminalo, non lasciarlo a se stesso. È importante, perché Google controlla molto attentamente il funzionamento corretto dei link e se ne trova troppi non funzionanti, può solo mettere a rischio la tua posizione, conquistata con tanta fatica.

## Il grande potere della scheda Google My Business

Molte aziende b2b ignorano la scheda di Google My Business pensando che sia una cosa utile solo alle piccole attività locali come ristoranti, negozi, hotel  ecc dimenticando invece che se su Google si cerca il nome della propria azienda, la prima cosa che apparirà nei risultati è proprio la rispettiva scheda di Google My Business.

Se questa risulta poco curata (e magari con delle recensioni negative) darà una bruttissima prima impressione, col rischio di vanificare anche tutti gli altri sforzi di marketing che hai fatto per portare gli utenti a conoscere la tua azienda, insomma la classica buccia di banana!

Tante, troppe aziende ancora non hanno rivendicato la loro scheda Google My Business. In questo modo non solo perdono una grande vetrina, ma rischiano che qualcun altro lo faccia al posto loro, con tutte le conseguenze del caso.

Anche perché rivendicarla è gratuito, non costa nulla. E ti permette di apparire nelle ricerche non solo con il link del tuo sito, ma anche con la scheda My Business.

Fornirà subito molte informazioni fondamentali: dati di contatto, indirizzo, indicazioni sulla mappa, orari… ma non solo. Puoi inserire foto, descrizioni, mostrare subito cosa rende unica e speciale la tua azienda.

Inoltre, cosa che non guasta mai, è ottimizzata per la navigazione da smartphone: è importante perché spesso molti siti non lo sono, non hanno ancora fatto questo passaggio. Così è la scheda a fare questo lavoro, a presentarti.

**Cosa può fare la scheda Google My Business per te?**

La scheda mette a disposizione tutte le informazioni sulla tua azienda:

- puoi chiedere le indicazioni stradali;

- salvarla tra i preferiti, per poterci tornare in qualsiasi momento e non perdere il contatto;

- dal computer si possono inviare direttamente al cellulare tutte le indicazioni.

- essere reindirizzati direttamente al sito internet dell'azienda;

- chiamare direttamente, dal cellulare.

Se la tua azienda ha più sedi, puoi gestirle tutte in modo centralizzato, sapendo quanti click hai ricevuto per ogni pulsante presente, da che luogo sono state richieste le indicazioni e in che giorno sono state fatte le telefonate. Si tratta di uno strumento molto utile e pratico per la tua azienda, che permette agli utenti di trovare subito, in un unico luogo, tutte le informazioni di cui hanno bisogno.

## Analizziamo un social: le potenzialità di Linkedin

La prima cosa da fare, la più ovvia ma anche importante, è **curare il proprio profilo**.

Linkedin è il posto ideale dove esaltare la propria esperienza, la capacità di risolvere i problemi, e si può farlo in maniera chiara, approfondita, senza semplicemente replicare uno sterile curriculum vitae.

Vediamo gli ingredienti principali di un buon profilo:

- un'**immagine di profilo** informale e non ingessata, ma al tempo stesso professionale;

- un **titolo chiaro** che definisca in poche parole la tua posizione in azienda;

* un'**immagine di copertina accattivante e ad alta ri-soluzione**, che rispecchi essenzialmente i valori della tua azienda, che il potenziale cliente ritroverà espressi nel prodotto o servizio che vendi.

**Come si creano contatti su Linkedin?**

Ben pochi sanno farlo davvero. Infatti serve a poco aggiungere solo amici, colleghi, conoscenti.

**È importante costruire invece una rete relazionale.**

Tendiamo a dare per scontato le conoscenze.

Invece sarebbe utile ampliare un po' le proprie vedute e capire che le persone hanno sempre qualcosa da offrire.

Possiamo entrare in contatti con aziende, manager, persone che possono aprirci altri mondi, proporci nuovi contatti utili… e viceversa.

Il bello delle reti relazionali è la reciprocità.

Offriamo il meglio di noi cercando di capire come possiamo essere utili alle altre persone.

Lo stesso potremmo ricevere da loro, creando una fitta rete di conoscenze utili, non fini a se stesse.

Non serve a molto avere tantissimi contatti che però non ci portano niente, non ci arricchiscono.

Ricorda che la ricerca di base è gratuita su Linkedin, non serve subito andare a pagamento.

Le potenzialità sono interessanti, basta sapere cosa stai cercando, con che tipo di persone vuoi entrare in contatto.

Una volta che avrai definito il target a cui fare riferimento, potrai cercare queste persone e fare una richiesta di collegamento.

Anche Linkedin però, come tutti gli altri modi per essere presente online, richiede continui contenuti, per aumentare la visibilità del tuo profilo.

**Che contenuti è meglio pubblicare?**

Vale la stessa regola degli articoli sul tuo sito: pensa a quello di cui ha bisogno il tuo potenziale cliente.

Pensa a comunicare cosa puoi fare per lui, come la tua azienda è perfetta per le sue esigenze.

Concentrati sulle sue necessità, su come il tuo prodotto o servizio renderà migliore la sua attività.

Quindi, ricapitolando, Linkedin è ottimo per attirare l'attenzione dei potenziali clienti, incuriosirli, mostrare chi sei, che tipo di azienda hai... e portarli sul tuo sito.

Ricorda sempre quanto è importante che diventino contatti tuoi, non di Google o dei social.

Quindi una volta che sono sul tuo sito permetti loro di entrare in contatto con te, di lasciare i loro dati e di scaricare un lead magnet, del contenuto utile.

Nel dare vita a questo processo, però, ricorda che Linkedin è una piattaforma dove **i processi di vendita possono occupare dei tempi anche molto lunghi**: non provare quindi a usare questa tecnica per vendere troppo aggressivamente prodotti e servizi.

**E le campagne a pagamento?**

**Il 65% degli operatori del mondo b2b** ha già avviato almeno una campagna a pagamento su Linkedin.

Per quale motivo?

Linkedin è un social particolare, già tagliato per il lato professionale: quindi è perfetto per trovare fornitori nel b2b.

Puoi targettizzare gli utenti per parametri come settore, posizione lavorativa e tipologia di azienda.

# Capitolo 9
# 10 domande per capire a chi affidarti per il posizionamento SEO

*Continuerai a farti scegliere o finalmente sceglierai?*
*(Fabrizio De Andrè)*

Eccoci arrivati all'ultima parte del libro.

Dopo aver scoperto tutte le opportunità offerte dal mondo digitale, aver capito le potenzialità della SEO e aver scoperto alcune piccole grandi modifiche che possono migliorare la tua presenza online…

… arriviamo a valutare chi può aiutarti in questo percorso.

Partiamo dalla condizione ideale, che però, purtroppo, è davvero molto rara.

La condizione perfetta sarebbe avere qualcuno di fisso in azienda, che vada oltre l'essere un semplice tecnico SEO, ma abbia l'esperienza e la capacità di pianificare una strategia completa per permetterti di acquisire nuovi clienti grazie alla tua presenza online e al fatto che Google ti ritenga autorevole per le ricerche dei tuoi potenziali clienti in target.

C'è solo un piccolo problema.

**Figure professionali con queste competenze difficilmente lavoreranno solo per un cliente.**

Questo perché sono abituate a compensi importanti, essendo dei fuoriclasse tendono a lavorare per un'agenzia, avendo così diversi clienti e arricchendo il loro bagaglio di esperienza.

Puoi provare a intercettarle, ma dovresti offrirgli una cifra sproposita per legarle solo a te.

Questo poi limiterebbe le loro capacità e rischierebbero di voler scappare e tornare a lavorare in diversi settori.

L'alternativa che spesso si sceglie?

Introdurre in azienda figure junior, che sul curriculum scrivono di avere diverse conoscenze, di sapere come muoversi, di aver studiato.

Quello che a loro manca è la pratica, l'esperienza nel mondo reale.

Ricordati che stai mettendo nelle loro giovani e inesperte mani la tua azienda, la tua reputazione digitale.

E quindi?

**Andiamo a cercare figure esterne… con cautela**

Se metti il naso fuori dall'azienda hai due possibilità: freelance e agenzie.

Il freelance ha un difetto in partenza: è uno solo e ha diversi clienti.

Il rischio è che sparisca per mesi, che abbia una comunicazione scarsa con te e il tuo team.

L'altro problema importante è che il mondo digital, compresa la SEO, richiede la sinergia di diverse competenze, di più figure professionali che lavorano in squadra e si completano a vicenda.

Per questo spesso la soluzione ideale è l'agenzia, prestando attenzione a non cercare "vanità", ma risultati concreti.

Trattandosi di un lavoro con un lato molto tecnico, è importante affidarsi a professionisti, che però possano offrirti un supporto ad ampio spettro.

L'obiettivo è fare un percorso preciso, con tappe intermedie ben definite, con tempistiche chiare, che vengano rispettate.

Inoltre, come abbiamo visto attraverso tutti i capitoli precedenti, serve una strategia a monte, che si sposi con la tua visione aziendale, con i tuoi obiettivi, senza rischiare di diventare incoerenti, di far passare messaggi sbagliati.

So che non si tratta di un lavoro facile: non è semplice trovare un fornitore, ne abbiamo parlato a lungo.

Lo stesso vale per la tua azienda: trovare delle figure di riferimento a cui poterti appoggiare, che diventino una parte integrante, anche se esterna, della tua squadra.

Il punto principale è che non si tratta di un semplice lavoro, che ha un inizio e una fine predeterminati.

Come abbiamo visto, la SEO ti apre a grandi opportunità che non prevedono l'utilizzo di mezzi pubblicitari…

… ma ha bisogno di un monitoraggio continuo, di aggiornamenti, di continuare piano piano a intervenire per conquistare la posizione più alta e per mantenerla il più possibile.

Ogni miglioramento ha poi la grande forza di agire su due fronti: lavorare sulla SEO e migliorare l'esperienza degli utenti sul tuo sito e in generale su tutte le piattaforme, social o meno, dove sei presente.

Si tratta quindi di una collaborazione dove bisogna lavorare in armonia, con un rapporto continuo di comunicazione, chiaro e comprensibile.

Capirai che non è semplice trovare l'agenzia giusta a cui affidarsi.

**Per questo ora vedremo insieme 10 punti**, dieci pilastri che ti aiuteranno a costruirti una check-list, una serie di caratteristiche che danno vita all'agenzia ideale, alla collaborazione più efficace, leale e trasparente che puoi ottenere.

**Questo ti permetterà però di decidere sempre in autonomia, non dare mai per scontato il tuo istinto.**

Questa piccola premessa è importante.

La decisione finale sarà sempre nelle tue mani.

Il primo contatto, il modo in cui si presenta un'agenzia… tutto gioca un ruolo fondamentale, che getta le basi della decisione che prenderai.

Quel primo incontro è impalpabile e non può rientrare in queste dieci caratteristiche.

Lì il tuo istinto, la tua esperienza, la faranno da padrone e ti aiuteranno a fare una scelta in caso di indecisione.

L'unica cosa è cercare di appoggiarsi a strutture solide: il singolo professionista può essere un grande talento, ma non è umanamente possibile che riesca a gestire tutto.

Vedi, non si tratta solo di una specializzazione.

Come abbiamo visto, un tecnico SEO molto bravo può piazzarti in alto nella parole chiave giuste (nella migliore delle ipotesi).

Può portarti traffico, visite, ma non può garantirti una strategia che migliori la tua presenza online, per portare i contatti a trasformarsi in clienti, in contratti, in profitti.

Io ho provato, all'inizio, a lavorare praticamente da solo.

Sì, con qualche sporadico collaboratore, freelance che saltuariamente contattavo per delegare qualche operazione, ma facevo tutto il resto da solo.

Ero in grado di fare il lavoro, di fare il tecnico SEO?

Certo, ma non potevo portare conversioni.

Non mi sentivo di promettere qualcosa che non riuscivo a controllare.

Per questo appena ho potuto, ho costruito la mia squadra.

Persone fisse, cresciute e formate insieme a me, che condividono i miei valori aziendali, in mio modo di rapportarmi con i clienti.

Persone di cui mi fido.

Ecco, il mio piccolo consiglio, prima di lasciarti alla check-list, è quello di trovare una squadra che ti ispiri fiducia, che sia strutturata, che possa gestire un mondo così complesso.

Ma partiamo con i nostri 10 punti.

Il primo è davvero fondamentale ed è stato un obiettivo a cui ho puntato non appena mi sono reso conto di non essere tagliato per farmi troppa pubblicità.

**Come potevo dimostrare ai miei potenziali clienti quello che avrei potuto fare per loro?**

La risposta era molto più ovvia del previsto.

Semplicemente mostrandogli quello che avrei potuto fare per loro.

Da qui nasce il primo punto della check-list

**1.  In che posizione si trova nelle ricerche Google?**

Ebbene sì, il modo migliore per mostrare le potenzialità della SEO è usarla.

Quindi, mettiamo che tu stia cercando un fornitore, proprio come fanno i tuoi potenziali clienti.

Fai una ricerca su Google.

Un'agenzia specializzata nella SEO non fornisce un'ottima immagine di se stessa se non è almeno in prima pagina.

Se l'agenzia è ai primissimi posti, organici, è ben evidente nelle mappe, ha una scheda Google My Business completa, precisa, ben fatta… sa fare quello che promette.

O almeno, sa fare la parte più basica, quella fondamentale per posizionarsi.

## 2. L'importanza di avere testimonianze e casi studio (anche afferenti al tuo settore)

Come abbiamo visto nei capitoli precedenti, le recensioni, le testimonianze dei clienti sono molto importanti.

Svolgono un ruolo decisivo per capire se un'azienda lavora bene, nel breve e lungo termine, come si rapporta con i clienti, che risultati porta.

Se si limita a dirlo lei stessa rischia solo di parlarsi addosso.

Non fraintendermi.

È molto importante fornire elementi di prova ai potenziali clienti, dare dati oggettivi, che possono testimoniare i risultati concreti che fai ottenere ai tuoi clienti.

Ma non bastano, perché escono dalla tua bocca.

Bisogna lasciar spazio a chi già è tuo cliente, ma non ha nessun interesse a parlar bene di te. Ha come principale obiettivo il suo risultato, veder i soldi spesi tornare indietro e moltiplicarsi grazie a tutti i nuovi clienti che ha ottenuto.

Le sue parole saranno inevitabilmente più incisive delle tue, più orientate alle sue sensazioni, alla sua esperienza.

Riuscirà a parlare la stessa lingua di chi starà leggendo dall'altra parte, aiutandolo a capire se quella soluzione fa per lui oppure no.

Non è detto che chi è molto bravo sia però giusto per te.

Ci sono modi diversi di approcciarsi, di comunicare, di costruire un rapporto con i clienti.

Le testimonianze aiutano a capire questo passaggio: se quello che leggi o ascolti (in caso di testimonianze video) è proprio quello che vorresti capitasse a te… allora sei nel posto giusto.

Accennavamo alle **video testimonianze**.

Sono ancora più forti ed efficaci: quando leggiamo delle parole nero su bianco, possiamo fraintendere alcune espressioni, non capire dei riferimenti, delle allusioni.

Non cogliere l'ironia, non leggere tra le righe la soddisfazione, l'emozione.

Sentire e vedere chi parla, lo rende più reale, più vero e permette di capire a fondo la sua esperienza.

Quindi cerca tutte le recensioni, scritte o video che trovi e non solo…

**Guarda se ha testimonianze specifiche del tuo settore.**

Con settore intendo sia il mondo b2b, sia il tuo specifico ramo aziendale.

Il b2b si apre a tantissime professioni, a chi produce oggetti, software, servizi… con nicchie molto particolari e che necessitano specifiche capacità.

Quindi mentre scorri i dati e le testimonianze, prova a controllare se qualcuna di queste si riferisce proprio al tuo settore o almeno si avvicina molto a quello di cui si occupa la tua azienda.

Ultimo punto: i **casi studio**.

Cos'è un caso studio?

È la storia completa, passo passo, del rapporto tra l'agenzia e il cliente che ha rilasciato la testimonianza.

Questa modalità è molto preziosa perchè va a intrecciare elementi di prova, i risultati concreti che l'agenzia ha permesso di ottenere ai suoi clienti, con la loro esperienza personale.

In pratica hai modo di scoprire, in pochissimo tempo, come lavora questa agenzia, come si muove, a cosa ha dato priorità, come ha affrontato le difficoltà e le necessità del suo specifico cliente.

È una testimonianza "esplosa", approfondita e dettagliata, per entrare davvero nello specifico e vedere letteralmente il modo in cui lavora l'agenzia.

## 3. I report che ti invia sono comprensibili?

Questo è un tasto delicato ma davvero fondamentale.

Mi rendo conto che tu possa valutarlo solo tramite alcune testimonianze o se già hai un rapporto in corso con un'agenzia o un professionista.

Si tratta della comunicazione.

Senza una comunicazione chiara, continuativa e precisa, sarà molto difficile arrivare a dei risultati concreti, condivisi e duraturi.

**A cosa serve il report?**

Il ruolo del report è quello di aggiornarti sul lavoro svolto dall'agenzia in un determinato periodo.

Nel report scopri:

- quali erano gli obiettivi da raggiungere;

- in quanto tempo li hanno raggiunti (cioè se hanno rispettato le tempistiche prestabilite);

- dove hanno agito, punto per punto;

- ogni modifica effettuata e che obiettivo è andata a sostenere;

- quali risultati si sono ottenuti in quel periodo (quindi se sono stati rispettati tutti gli obiettivi);

- i motivi per cui, eventualmente, non si sono raggiunti tutti gli obiettivi prefissati;

- le proposte per il prossimo periodo: gli step successivi da attuare e che obiettivo si prefiggono di raggiungere.

Questo dovrebbe essere il contenuto di un report.

Ma il problema non è solo rispettare questa lista.

**Il primo scoglio è la chiarezza, la comprensibilità del linguaggio.**

Ci troviamo in un settore, quello della SEO, del mondo digitale, farcito di termini tecnici, che possono risultare incomprensibili a chi, giustamente, fa un altro lavoro.

Questo è il motivo per cui, all'interno di questo libro, hai trovato pochissime parole incomprensibili, tecniche.

E quando le hai trovate ho cercato, spero con successo, di spiegarle, di renderle chiare e definite.

Scrivere un libro tecnico sarebbe stato del tutto inutile… non avresti trovato nessun aiuto in paroloni poco applicabili.

Lo stesso vale per i report.

Sicuramente sarà necessario inserire dei termini specifici, ma devono sempre essere contestualizzati, compresi e condivisi.

Altrimenti diventa uno strumento fine a se stesso, che nessun altro, a parte chi l'ha scritto, può comprendere e utilizzare.

È un'arma a doppio taglio anche per la stessa agenzia: se il cliente non capisce cosa è stato fatto e perché, non potrà essere del tutto soddisfatto, perché non avrà il controllo di quell'aspetto della sua azienda.

Se il report non è chiaro, preciso, fatto in maniera strutturale, non serve a nulla.

Vero è, purtroppo, che fare un report dettagliato, accompagnato da immagini, non è un lavoro veloce, che si può preparare in un'oretta.

Richiede uno studio di tutta la sua strutturazione, richiede la creazione di un percorso che accompagni l'imprenditore o il suo manager, chiunque sia il riferimento dell'azienda, nella totale comprensione del lavoro svolto.

Questo è un punto davvero importante.

Chiunque legga il report, non importa che ruolo ricopre in azienda, deve poterlo capire, deve riuscire a identificare tutti i punti che abbiamo elencato prima.

Perché questo?

Non sempre abbiamo un contatto diretto con l'imprenditore.

Ci sono aziende grandi, molto strutturate, che hanno responsabili marketing o comunque figure che gestiscono la comunicazione.

Queste persone hanno una grande responsabilità e fanno da tramite tra l'agenzia e i titolari.

## Il telefono senza fili più efficace al mondo

Se l'agenzia si interfaccia con queste figure, deve esserci poi un passaggio intermedio, una specie di telefono senza fili che deve gestire la comunicazione nel modo più efficace.

Siamo onesti: un imprenditore non può sempre essere ovunque, deve potersi affidare ai suoi manager.

Ma questi manager devono essere nelle condizioni ideali di collaborare con l'agenzia, di avere un rapporto diretto, trasparente, chiaro.

Devono potersi fidare certo, ma devono sempre poter avere il controllo della situazione.

Se l'imprenditore gli chiede, dall'oggi al domani, di fare il punto della situazione sul digital, sulla presenza online, sulla SEO… sanno cosa rispondere?

Sono allineati, tranquilli, perfettamente informati di quello che si sta facendo, di quali risultati sta portando, dei prossimi passi programmati?

Non possono essere lasciati soli al loro destino, è controproducente per tutti.

Per avere successo, per raggiungere davvero gli obiettivi
prefissati, non basta lavorare bene.

È fondamentale comunicare nel migliore dei modi quello
che si sta facendo, per coinvolgere tutte le figure aziendali
ed essere certi di percorrere la strada giusta.

Non dimentichiamoci che comunque è un lavoro delicato,
che si occupa della comunicazione tra potenziali clienti, il
mondo là fuori, e l'azienda che si è rivolta all'agenzia.

Devono sapere come vuoi parlargli, lavorare insieme, in
squadra, per avere una coerenza di comunicazione che
trasparirà all'esterno.

**Ogni quanto si invia un report?**

Questo è un punto che va stabilito all'inizio.

Come si dice, "patti chiari amicizia lunga".

Quando si da vita ad una collaborazione, si stabiliscono
modalità e tempistiche della comunicazione.

In base alla mole di lavoro, alle necessità del cliente, si
stabiliscono dei report periodici che devono essere rispettati e che hanno lo scopo di aggiustare sempre il tiro, per
essere certi di andare nella direzione corretta e proporre
nuove iniziative, per continuare a portare risultati.

**In quali altri modi si comunica?**

Nulla funziona come la comunicazione a voce.

Rispondere che "non hai tempo per parlare", che "devono lasciarti lavorare" è del tutto controproducente.

Questo tipo di lavoro richiede una collaborazione continuativa, senza però neppure monopolizzare i clienti.

L'agenzia deve essere in grado di trovare un equilibrio, il giusto rapporto tra una comunicazione che renda tutti informati, aggiornati e partecipi…

… e l'indipendenza di fare il proprio lavoro lasciando liberi gli altri di fare altrettanto.

Non è semplice, lo so.

Anche per noi ci è voluto del tempo, l'esperienza gioca un ruolo molto rilevante nel capire cosa vogliono le persone e di cosa hanno realmente bisogno.

Però abbiamo sempre affiancato il report ad una call insieme.

Inviamo i report e fissiamo una call, spesso digitale, per praticità e talvolta anche per necessità, dove condividiamo lo schermo e vediamo il report punto per punto.

In questo modo si va a fugare ogni dubbio, ogni incomprensione, ogni fraintendimento.

Tutti alla fine sono perfettamente allineati e possono esporre eventuali perplessità che si risolveranno insieme.

**È un lavoro di squadra**: bisogna sempre ricordarsi che stiamo mettendo mano nella presenza online delle aziende che si affidano a noi.

La loro reputazione, di cui abbiamo parlato, dipende anche dalle nostre azioni.

Non è mai facile vedersi invadere un settore aziendale, nemmeno se sei tu ovviamente a deciderlo.

**Per questo ho adattato alle mie esigenze la regola 80/20.**

Non volevo stravolgere tutto il mondo costruito negli anni dai miei clienti.

Ma volevo portare dei risultati concreti, delle vendite, non semplicemente dei numeri.

Per questo ho deciso di iniziare pianificando una strategia che partisse dall'individuazione di quel 20% che poteva, una volta modificato nel modo corretto, portare risultati, convertire i contatti caldi in clienti.

Poi, passo dopo passo, si sarebbe proseguito agendo anche, dove serviva, su tutto il resto.

Tornando alla comunicazione, è importante però, al di là dei report e delle call prefissate, mandare settimanalmente una comunicazione, o comunque pianificare con il cliente un aggiornamento periodico continuo, per renderlo sempre consapevole di quello che sta accadendo.

## 4. Il ruolo centrale della proattività: progredire sempre, guardare al futuro e offrire stimoli

Qui vediamo meglio quello a cui abbiamo accennato: essere proattivi.

Lavorare sul posizionamento SEO non è un compitino che, una volta fatto, finisce lì.

Così come sei salito puoi scendere, perché altri competitor hanno lavorato nella tua stessa direzione e possono averti superato.

La SEO richiede un monitoraggio costante, per tutte le parole chiave scelte, con conseguenti azioni volte a riconquistare le posizione perse.

È davvero un moto ondulatorio da gestire, che però porta a click gratuiti e molto importanti per acquisire clienti.

In fondo, sappiamo bene che tutto ciò che funziona richiede molto impegno e costanza.

Niente è davvero gratuito: non pagherai in pubblicità, ma in lavoro continuo, in impegno per far crescere la tua autorevolezza, per meritare davvero la posizione che otterrai.

Questo rende indispensabile la proattività.

L'agenzia a cui ti rivolgi non può stare ad aspettare che sia sempre tu a proporre una modifica, un'aggiunta.

Pensaci. In fondo chi meglio di loro sa quale intervento è più necessario, più urgente e incisivo?

Non è tuo compito sapere esattamente cosa devi sistemare, altrimenti potresti anche farlo da solo.

Deve esserci la volontà, nei report o nella call, di migliorare, di fare passi avanti, di non stare a braccia conserte ad aspettare sempre che sia qualcun altro a dirti cosa devi fare.

## 5. L'importanza di definire gli obiettivi e, di conseguenza, il budget

Senza obiettivi non si saprà mai se le cose stanno andando bene.

Stabilire insieme, all'inizio, una serie di obiettivi realistici, raggiungibili, è fondamentale per poter avere una buona collaborazione.

Questo vale per tutte e due le parti.

Tu riuscirai a capire cosa si può migliorare subito, nei primissimi mesi, con risultati non visibili dopo secoli, ma con tempistiche ben precise.

Capirai se gli obiettivi che avevi in mente sono fattibili in questi lassi di tempo e avrai ben chiaro e delineato il percorso che ti aspetta.

Riuscirai a comprendere meglio i report e i numeri che di volta in volta ti troverai di fronte.

Non ci saranno sorprese se tutto sarà concordato prima.

Se l'agenzia non riterrà i tuoi obiettivi fattibili, troverete insieme una via di mezzo soddisfacente per te e realizzabile per loro.

Avere obiettivi altissimi è demotivante per loro e deludente, nel futuro, per te.

Per questo serve un equilibrio, che si può trovare solo ragionando insieme sulla strada da fare, sul percorso più adatto, performante e fattibile per tutti.

Stabilire questi obiettivi aiuta anche a definire il budget.

Ogni intervento, strategia, modifica ha un prezzo.

La pianificazione degli obiettivi aiuta anche a valutare il budget e definirlo in modo chiaro per tutti, sempre per evitare incomprensioni e brutte sorprese.

**6. Fondamentale capire quanto guadagni dalla vendita dei tuoi prodotti e calcolare il LTV dei clienti (per valutare nel modo corretto l'investimento)**

Per pianificare nel modo migliore il punto precedente, occorre avere dei dati certi riguardo ciò che vendi.

Hai bisogno di sapere esattamente quanto guadagni dalla vendita del tuo prodotto o servizio o poter calcolare il lifetime value dei tuoi clienti.

**Che cos'è il lifetime value (LTV)?**

Si tratta di una metrica che ti aiuta a fare un calcolo molto importante per avere il controllo delle spese e del profitto di questo investimento (e in generale di ogni investimento aziendale).

Vediamo insieme di cosa si tratta.

Questo valore è fondamentale e ti permette di fare proiezioni future e decidere quanto puoi investire, anche sacrificando un guadagno immediato.

Per calcolarlo basta dividere il totale del fatturato in un determinato periodo per il numero dei clienti attivi.

In questo modo potrai capire **quanto spende in media un singolo cliente nel tempo in cui rimane tuo cliente**.

In questo modo puoi fare una proiezione di quanto profitto riceverai, in media, per ogni cliente nuovo, calcolando quanto rimane di solito in affari con te un cliente abituale.

Si tratta di una cifra ipotetica, ma basata su dati reali e quindi piuttosto affidabile per poter valutare la fattibilità di un investimento economico.

Tutto questo aiuta a mantenere sempre il controllo delle spese e non ritrovarsi con brutte sorprese strada facendo.

## 7.  Definire le tempistiche in modo chiaro

Torniamo agli accordi che devono essere presi all'inizio: un ruolo centrale è ricoperto dalle tempistiche.

Definirle ti aiuterà a capire chi hai di fronte, quanto è affidabile l'agenzia a cui ti sei rivolto.

Qual è il rischio più frequente?

Ti possono dire che il posizionamento SEO richiede molto tempo, non è possibile definire quanto.

Ti riempiono di numeri e parole poco comprensibili.

Tu non hai idea di quello che stanno facendo, la comunicazione fra voi è scarsa e monosillabica e non hai il controllo della situazione.

**Non si tratta di uno scenario molto bello, vero?**

Il fatto è che non è per niente raro e non sempre è colpa dell'agenzia.

Infatti senza obiettivi chiari e tempistiche precise, si limiteranno a fare il loro lavoro, con calma, a seconda delle loro priorità, mandandoti feedback poco comunicativi.

Per evitare una situazione del genere è davvero importante avere degli accordi precisi fin dall'inizio.

Nel momento in cui definite la strategia e gli obiettivi, cercate anche di mettere una data al fianco di questi punti.

In questo modo non ci saranno incomprensioni.

Tu non penserai che non stanno combinando nulla e loro non penseranno di avere tutto il tempo del mondo e di fare con comodo.

**Questo perché, come spesso accade, la ragione sta nel mezzo.**

Se non si comunica con chiarezza è davvero difficile avere una tabella di marcia condivisa.

Quindi, date la giusta importanza alle tempistiche, a definirle con chiarezza.

Non solo quelle dei report o dei risultati… ma anche quelle comunicative. E qui arriviamo al prossimo punto.

La comunicazione è fondamentale, non solo con i clienti e i contatti utili, ma anche tra professionisti.

Si evitano incomprensioni che possono aggravarsi per niente, quando potevano essere risolte con una telefonata.

Quindi, è importante definire fin da subito le modalità di contatto.

Quante e-mail riceverai, e ogni quanto tempo.

Quante video call in cui potete analizzare insieme il report, prendere decisioni per il futuro, discutere di eventuali dubbi e condividere i risultati raggiunti.

Tutto questo deve essere ben stabilito in partenza.

Il rischio è quello di chiedere informazioni e non ricevere mai una risposta…

… di chiamare invano…

… di non essere soddisfatti.

L'agenzia ha bisogno davvero del tempo per lavorare, ci mancherebbe.

È fondamentale che abbia possibilità di manovra e non deve sentire sempre il fiato sul collo per dare il meglio e lavorare con tranquillità.

Tu però devi sapere cosa sta succedendo: l'allineamento ideale è in media una e-mail a settimana.

**Poi l'importante è essere chiari.**

Ci sono imprenditori che hanno bisogno, per il livello in cui si trova al momento la loro azienda, di più rassicurazioni, di sapere più o meno spesso come stanno andando le cose.

Quello che conta è deciderlo prima insieme, per non incappare in problemi durante le collaborazione.

## 9. L'orientamento al risultato

Tutti i punti sono molto importanti, ma questo deve essere la base. Sono le fondamenta su cui costruire tutti gli altri punti.

Il risultato.

Stai investendo tempo e denaro in un percorso per posizionare la tua azienda su Google, in alto nei risultati delle pagine di ricerca, per determinate parole.

Stai lavorando sul tuo sito, sulla tua presenza online, sui social… ovunque.

Stai affidando a terzi una parte importante della tua impresa, di ciò che hai creato, che mantiene tutti i dipendenti che contribuiscono al tuo successo.

Tutto deve puntare ad un risultato e deve farti stare alla larga da chi è troppo "creativo".

Intendiamoci: la creatività è importante, aiuta a tirar fuori le emozioni delle persone, cattura la loro attenzione e la indirizza verso la tua azienda, verso ciò che vendi.

Deve però essere inserita in un contesto coerente, che abbia come obiettivo la vendita, non i "mi piace".

Non che siano negativi, anzi, abbiamo già detto che la brand awareness crea familiarità, lavora su autorevolezza e credibilità.

Ma non basta, non porta risultati da sola.

Per questo, lungo tutto questo libro, abbiamo ripetuto più volte che non bisogna puntare al traffico, alle visite sul sito, ma al numero di contatti utili, alle vendite.

Il traffico sono solo visite, passaggi, persone che cliccano e magari escono subito, per tanti motivi: perché hanno sbagliato, per curiosità, competitors che vengono a curiosare quello che dici… tantissime persone non in target.

Se tutto il traffico fosse composto da contatti utili sarebbe molto bello, ma non è così.

**Se non definite risultati, obiettivi che puntano ad un aumento del fatturato, a vendite concrete… rimarranno le metriche cosiddette di vanità.**

So che fanno piacere i follower, i like, i numeri alti di traffico verso il tuo sito.

È una soddisfazione personale che fa bene all'animo e che meriti, senza dubbio.

Ma è personale, non aiuta la tua azienda a crescere, ad espandersi.

Sai qual è la soddisfazione più grande per me?

Quando un cliente mi dice che ha assunto nuovo personale.

Sono aumentati i clienti, che vanno gestiti, da commerciali, all'amministrazione… e questo comporta anche un aumento di produzione.

Tutto ciò è legato ad una crescita, sana, controllata, che porta alla diretta conseguenza che è l'assunzione di nuovo personale.

Per ottenere tutto ciò bisogna allontanarsi dalle metriche di vanità e porre come obiettivi risultati concreti, tangibili.

In questo modo le figure troppo "creative", a caccia di like, ti staranno ben lontano, perché sanno bene di poter puntare poco a questo tipo di risultati.

I creativi che hanno una squadra ben articolata, con competenze tecniche e con la capacità di pianificare strategie, capiranno come devono lavorare con te, trovando il giusto compromesso tra estetica e capacità di vendere, di convertire.

Chi invece è già direttamente orientato alla vendita, come la mia squadra, si troverà già a suo agio, abituato a lavorare in questo modo.

Come sempre l'importante è capirsi, definire bene ogni accordo e assicurarsi così di lavorare in armonia.

Eccoci all'ultimo punto.

Per favore, so che siamo alla fine, ma non sottovalutarlo.

È davvero importante.

## 10. Hai dei punti di riferimento o ogni volta parli con persone diverse?

Tengo molto a questo punto.

Ho combattuto e investito tanto per costruire una mia solidità aziendale che potesse trasmettere sicurezza ai clienti.

Vedi, ogni azienda ha un turnover di personale.

Più è grande più ne sente l'impatto.

È del tutto normale.

Il problema è quando non c'è personale fisso, non hai una figura di riferimento.

Da soli si fa ben poco, ma avere una squadra composta solo da liberi professionisti che vanno e vengono… non trasmette fiducia e neppure affidabilità.

Se all'inizio parli con qualcuno, studiate una strategia, gli racconti tutto quello che serve per andare a pianificare insieme gli obiettivi, le modifiche più utili per il tuo settore, per il tuo sito…

… immagina che poi scompaia nel nulla, da un giorno all'altro.

Ti ritrovi con una persona mai vista, che non sa quasi niente della tua azienda e che magari ti richiede tutte le informazioni che hai già fornito in precedenza… facendoti perdere un sacco di tempo (che non hai).

Purtroppo capita se non si ha personale fisso, stabile, assunto.

Sappiamo tutti che costa, che è un impegno avere costi fissi… **non sarebbe meglio avere solo collaboratori occasionali da chiamare in caso di necessità?**

No, è un rischio troppo grande.

Queste figure possono staccarsi da un momento all'altro e non sono gestibili né presenti quanto il personale fisso.

Ricordiamoci che gli stai affidando una parte importante della tua azienda.

Devi almeno avere il diritto di sapere esattamente a chi la affidi.

Sai quanto credo in questo, nel lavoro di una squadra unita, allineata sugli stessi valori, che parla la stessa lingua e trasmette messaggi coerenti ai clienti.

Non puoi rischiare di parlare sempre con persone diverse, di non avere una figura di riferimento.

Questo mi ha spinto pian piano a costruire la mia squadra: siamo 5 senior SEO, cosa piuttosto rara anche nelle agenzie più grandi, più altri professionisti e collaboratori esterni.

Il team senior ha alle spalle più di 85 migrazioni SEO, 14 progetti internazionali in 6 lingue… hanno una solida esperienza, che mettono al servizio di ogni cliente.

Non è per niente semplice, sono sincero.

Gli uffici sono grandi, devono essere mantenuti e tutto quanto, lo sai meglio di me.

Ma come potrei sembrare solido, affidabile, se non avessi una sede, spazio per tutti i miei collaboratori, se non avessi personale esperto e fisso, cresciuto insieme a me?

Quindi cerca sempre di capire se avrai la stessa figura di riferimento, se saprai sempre chi contattare, a chi chiedere… per non ritrovarti con un volto sconosciuto e senza colpe di fronte all'improvviso.

# Conclusioni

Eccoci arrivati alla fine di questo lungo viaggio.

Spero che non sia stato troppo impegnativo e che ti abbia davvero lasciato delle informazioni utili, che puoi mettere in pratica nella tua azienda.

Ora sai quello che il posizionamento SEO può offrirti, ma anche quali sono i rischi da cui stare alla larga.

Sai come si può migliorare l'esperienza dell'utente sul tuo sito… ma sai anche che non devi per forza stravolgere tutto subito, con costi incontrollabili e un cambiamento totale e improvviso di rotta, di comunicazione.

Vedi, c'è un lato di questo aspetto che non abbiamo visto, quindi spero che tu stia leggendo anche queste ultime parole, perché non è un aspetto così scontato come può sembrare.

**Cosa pensaranno i tuoi clienti?**

Giustamente ci stiamo concentrando sull'acquisizione di nuovi contatti utili, con l'obiettivo di trasformarli in clienti e in profitti.

Ma non dobbiamo sottovalutare la reazione di chi è già tuo cliente.

È abituato ad interfacciarsi con il tuo sito classico, con il tuo modo di comunicare.

Ormai ti conosce, c'è vera familiarità.

Si è costruito un rapporto, costellato di piccole e grandi abitudini.

Per questo è importante valutare attentamente chi si ritroverà tra le mani il compito di intervenire su quei contenuti, su quei messaggi.

Valutare i punti che abbiamo visto nell'ultimo capitolo, per essere preparato e consapevole all'incontro con eventuali agenzie.

Stravolgere all'improvviso tutto può far rimanere spaesati i tuoi clienti, che non capiranno cosa sta succedendo.

Invece piccoli, costanti cambiamenti sono poco visibili ad occhi non esperti e attenti.

Possono pian piano migliorare la tua presenza online in modo progressivo e discreto.

Ogni azienda è diversa, fa parte di un settore, di una nicchia diversa.

Ha una storia unica, vende qualcosa di speciale, che ha creato con dedizione e impegno.

Ogni azienda è fatta di persone, che vendono ad altre persone.

Ognuno ha una presenza digitale differente, più o meno approfondita, con più o meno necessità di intervento.

Tu devi poter avere il controllo di questi interventi.

**Sono necessari, servono a non cadere nel rischio dell'immobilità.**

L'immobilità è pericolosa: ti fa rimanere fermo, senza possibilità di crescere, di innovare.

Ma non solo.

Permette ai tuoi competitor di superarti.

Il fatto che tu stia fermo non per forza riguarda anche gli altri.

Possono evolversi i concorrenti che già conosci, che magari sai che non sono più bravi di te, più affidabili…

… sai che il loro prodotto o servizio non è migliore.

Ma questo non gli impedisce di comunicare meglio, di sapersi presentare e vendere meglio ai clienti.

Ricordiamoci che i potenziali clienti sanno ben poco di te.

Ci sono eventualmente le recensioni, certo, ma chi non ti conosce si basa molto anche su come sai raccontarti, su come mostri quello che fai e come lo fai.

Non dare mai nulla per scontato.

**So quanto è difficile per chi ogni giorno è immerso nella sua azienda.**

Dal mattino alla sera vivi la tua attività, ne respiri ogni minima parte, è fondamentale per te e per i tuoi dipendenti.

Questo ti rende difficile fare un'analisi oggettiva, slegata ai sentimenti.

Per questo è così utile e importante uno sguardo esterno.

Qualcuno che non ti conosce, non ama ciò che vendi con tutto se stesso.

Ti aiuterà a costruire una strategia su misura, perfetta per le tue esigenze, coerente con la tua azienda.

Potrà valutare ogni dettaglio, in modo imparziale.

Potrà però anche apprezzare, notare ciò che ogni giorno dai per scontato.

Pensaci, capita ogni giorno.

Ogni città del nostro paese mostra il suo patrimonio culturale a chiunque passi per la strada.

Ma le persone, io incluso quando mi muovo per Milano, non lo notano.

Solo i turisti accolgono queste meraviglie con stupore e ammirazione, riempiendosi gli occhi di ogni dettaglio.

Camminano con la testa e lo sguardo rivolti verso l'alto, per non perdere un briciolo, un minimo dettagli di tutta quella bellezza.

Io invece cammino a testa bassa, spesso di fretta.

Mi perdo tutto.

Penso di conoscere ogni particolare, ogni elemento bellissimo. E invece no, non è così.

Mi perdo tantissime volte la possibilità di ammirare il paesaggio, di godermi la bellezza della mia città.

La stessa cosa che capita a te quando entri in azienda.

Non noti quanto è prezioso quello che fate ogni giorno.

La ricerca, la dedizione che c'è dentro ad ogni prodotto, ad ogni servizio.

La professionalità, l'impegno, i sacrifici.

Ormai tutto è noto, scontato.

Ecco, una figura esterna può notare tutto questo.

Può rimanere estasiata dalla tua storia, da ciò che ti ha portato dove sei ora.

Può spalancare gli occhi di fronte al tuo metodo di lavoro, ai grandi benefici che i tuoi potenziali clienti avrebbero...

... di fronte ai problemi che li aiuteresti a risolvere.

Scegli il compagno di viaggio giusto, inizia questo bellissimo percorso e incontra tanti nuovi clienti che ti porteranno profitti, crescita, tante soddisfazioni.

In cambio incontreranno finalmente ciò che cercano da tanto tempo e potranno dire grazie a Google, alla ricerca che hanno fatto.

Forse si sentiranno fortunati, anche se tu saprai bene quanto lavoro c'è stato dietro.

Prenditi la posizione che meriti, raggiungi la cima.

E alza gli occhi quando esci dal tuo ufficio.

Guarda cosa hai contribuito a creare finora e goditelo.

# Ringraziamenti

Ho sempre avuto paura dei ringraziamenti.

Sì perché o ringrazi tutti, senza fare nomi, e sembra che non dai importanza realmente a nessuno…

… Oppure se inizia a nominare le persone sai che dimenticherai qualcuno o che qualche amico, affetto, si sentirà escluso.

Vorrà dire che correrò il rischio.

Prima di tutto ringrazio i miei genitori per non avermi mai apertamente espresso le loro paure.

Gliele leggevo in faccia, ma mi hanno sempre supportato e hanno permesso che oggi fossi qui a scrivere queste righe.

Ora che sono padre capisco quello che avete provato e ve ne sarò debitore per tutta la vita.

Ringrazio poi mio fratello Andrea, un pilastro fondamentale per i miei inizi.

Senza di te non so se avrei avuto la forza di non mollare.

Grazie a tutto il mio team: Cdweb siete voi, l'amore, la passione per questo lavoro, il fatto che sentiate vostro il progetto di ogni cliente.

Grazie per la fiducia. All'inizio non era facile, ma ci avete creduto come e spesso anche più di me.

Non lo dimenticherò.

Grazie a mia moglie.

Tu hai sempre creduto in me, nelle mie capacità e non mi hai mai detto di tirarmi indietro, di trovare un lavoro diverso, anche nei momenti più difficili.

Grazie ai miei figli, fonte inesauribile di idee, creatività, amore e voglia di crescere sempre di più, per rendervi orgogliosi di me.

E grazie a Silvia, per avermi aiutato a mettere nero su bianco tutti questi pensieri: hai interpretato perfettamente quello che volevo comunicare e mi hai supportato nel farlo.

Ultimo poi basta, promesso.

Ultimi, ma non per importanza: grazie ai miei clienti.

Grazie a chi ha creduto in me quando ancora muovevo i primi passi.

Grazie a chi ormai da anni affronta nuove sfide al nostro fianco con coraggio e dedizione.

E grazie a te che hai scelto di leggere questo libro.

Buon viaggio.

Ora mi piacerebbe parlarti della consulenza 80/20 direttamente con me a cui hai accesso solo tramite la lettura del libro.

È una consulenza GRATUITA della durata di 1 ora che ha lo scopo di:

• analizzare il tuo sito, la tua presenza digitale e social;

• capire cosa ti differenzia dai competitor e analizzare il tuo specifico mercato;

• individuare se hai un 20% nel tuo sito su cui intervenire per portare in breve tempo risultati concreti;

• aiutarti a capire come ottimizzarlo e come migliorare il posizionamento e la permanenza dei contatti sul sito.

Per noi è un passaggio importante per capire se possiamo esserti d'aiuto e trovare questo 20% su cui intervenire per farti raggiungere i tuoi obiettivi.

In quel caso avrai comunque importanti spunti per analizzare la tua presenza nel mondo digitale… un occhio esterno riesce sempre a notare cose nascoste agli addetti ai lavori.

Non perdere questa opportunità, vai al link https://www.cdweb.it/risorse-libro/ compila il form e scopri in 1 ora cosa possiamo migliorare subito per ottenere risultati in breve tempo.

ISBN 979-12-200-9495-5